**版权声明**

序言（2004）© James R. Allen, 2004.

> 保留所有权利。非经中国轻工业出版社"万千心理"书面授权，任何人不得以任何方式（包括但不限于电子、机械、手工或其他尚未被发明或应用的技术手段）复印、拍照、扫描、录音、朗读、存储、发表本书中任何部分或本书全部内容。中国轻工业出版社"万千心理"未授权任何机构提供源自本书内容的电子文件阅览、收听或下载服务。如有此类非法行为，查实必究。

Games People Play
The Basic Handbook of Transactional Analysis

# 人间游戏

## 冲破社交陷阱的人际沟通分析

[美] Eric Berne 著

周司丽 译

中国轻工业出版社

## 图书在版编目（CIP）数据

人间游戏：冲破社交陷阱的人际沟通分析／（美）艾瑞克·伯恩（Eric Berne）著；周司丽译. —北京：中国轻工业出版社，2022.2（2022.6重印）

书名原文：Games People Play: The Basic Handbook of Transactional Analysis

ISBN 978-7-5184-3414-5

Ⅰ.①人… Ⅱ.①艾… ②周… Ⅲ.①人际关系－社会心理学 Ⅳ.①C912.11

中国版本图书馆CIP数据核字（2021）第035195号

总 策 划：石　铁
策划编辑：孙蔚雯　　责任终审：腾炎福　　责任校对：万　众
责任编辑：孙蔚雯　　责任监印：刘志颖

出版发行：中国轻工业出版社（北京东长安街6号，邮编：100740）
印　　刷：三河市鑫金马印装有限公司
经　　销：各地新华书店
版　　次：2022年6月第1版第2次印刷
开　　本：710×1000　1/16　印张：14.5
字　　数：115千字
书　　号：ISBN 978-7-5184-3414-5　定价：72.00元

读者热线：010-65181109，65262933
发行电话：010-85119832　传真：010-85113293
网　　址：http://www.chlip.com.cn　http://www.wqedu.com
电子信箱：1012305542@qq.com

如发现图书残缺请拨打读者热线联系调换

210146Y2X101ZYW

献给我的患者和学生

是他们的教导让我越来越清晰地领悟

游戏和生活的意义

教导仍在继续

# 译 者 序

《人间游戏》(Games people play) 原著最初出版于1964年。它是使沟通分析（Transactional Analysis，简称 TA）流派及其创始人艾瑞克·伯恩（Eric Berne）声名鹊起的一本著作。书名中所说的"游戏"并非一般意义上具有娱乐作用的活动，而是指人与人之间反复发生的、具有破坏作用的关系模式。当年，这本旨在为专业人士撰写的书籍出人意料地成了大众畅销书，因为人们发现作者"看穿"了人类关系中某些隐藏的东西，揭露了人们互动的本质意图。

然而，这样一本优秀的著作直到2006年才被中国轻工业出版社"万千心理"引进出版。这第一部简体中文译本由首都师范大学的田国秀老师及其学生翻译，让我们终于有机会一窥书中的奥妙。随着人们对沟通分析及其中的游戏理论的深入理解，深圳大学的刘玎和卢宁老师于2014年翻译了第二部译本，该译本颇受读者欢迎，对我本人的学习也有极大助益，我正是通过该译本加深了对游戏理论的认识的。如今出版的这本《人间游戏》是第三部简体中文译本，我非常荣幸获得了"万千心理"的邀请，成为本书的第三代译者。

我于2005年开始学习沟通分析理论，于2008年完成3年的系统学习，之后开启了长达10年的国际沟通分析协会（International Transactional Analysis Association，简称ITAA）认证沟通分析师（Certified Transactional Analyst，简称CTA）的学习过程。2018年1月，我通过了笔试，2018年8月，我于印度科钦完成了口试,成为中国大陆地区第二位通过ITAA认证的沟通分析师。2021年2月,我完成了为期5天的评估与学习,经过国际同行认可,正式成为中国大陆地区首位取得ITAA沟通分析教师及督导师预备资质的人,并开启了另一段为期7年的学习旅程。16年的专业学习和实践使我终于有能力、有勇气、有机会翻译这本优秀的、深刻的、有趣的同时颇为难懂的著作。虽已非常用心,但难免存在纰漏,欢迎读者们批评指正。

国际沟通分析官方入门课程(TA101)介绍了理解心理游戏的三种视角,分别是隐藏沟通、戏剧三角和心理游戏G公式。其中,心理游戏G公式是伯恩离世前不久才确定的界定心理游戏的方法(详细内容见伯恩的另一本著作《人生脚本》①)。《人间游戏》出版在先,伯恩并没有在本书中依据G公式解析每个游戏,而是倾向于从隐藏沟通的角度解析游戏,让我们看到人与人互动时表面传递的信息及其背后隐藏的心理层面的信息。这两个层面的信息导致了人类互动的复杂性,使人们的关系走向了"出人意料"同时又在"意料之中"的结局。

我向从事与人相关工作的专业人士,如咨询师、培训师、教师、社工、律师等,强烈推荐本书。只有了解心理游戏的存在,掌握跳出游戏和应对游戏的方法,才有可能有效地与你的服务对象工作,避免卷入关系旋涡、陷入工作困境。

我向所有渴望更好地处理关系问题的人士强烈推荐本书,它有助于我们理解人际互动的复杂性,有助于我们审视并理解自身与他人的动机,从而坦诚有效地处理关系议题,最终获得平等健康的亲密关系。

在我看来,如今的社会新闻或娱乐新闻中充斥的关系间的拉扯有不少是心理游戏的结果。每当看到这些新闻时,我都会不禁感慨,如果大家学过心理游戏的知识该有多好!我的老师和督导师托马斯·欧嘉瑞(Thomas

---

① 《人生脚本》(*What Do You Say after You Say Hello?*)在伯恩逝世后于1972年正式出版。该书的简体中文译本曾由中国轻工业出版社于2016年出版,并于2021年重新出版。——译者注

## 译者序

Ohlsson)博士曾说,从自然的角度看,人类已经拥有很多不可避免的苦难,例如,灾难、疾病和生离死别,希望我们每个人都可以学习心理游戏的知识,不再人为地制造更多苦难。

感谢"万千心理"对沟通分析理论的持续支持与认可,感谢编辑孙蔚雯女士细致而专业的工作。感谢每一位购买和阅读本书的人,这个世界将因为你的幸福和满足而成为更好的世界!

周司丽<br>
2021年9月于北京

# 序言（2004）

## 宛如忽然出现了一扇门

詹姆斯·R. 艾伦（James R. Allen）

40年前一个寒冷的冬日早上，我的督导递给我一本《人间游戏》，说这本书虽然名字古怪，但作者推动了精神病学的发展。那是我在加拿大魁北克麦吉尔大学担任精神科住院医师的第一年，我的督导海因茨·莱曼（Heinz Lehman）医生在当时是北美最具影响力的精神病学家。他于几年前将托拉嗪（氯丙嗪）治疗精神分裂症的方法引入北美，使重性精神疾病的治疗迈出了革命性的一步。

但在当时，莱曼医生和我都不知道艾瑞克·伯恩也是在加拿大蒙特利尔长大的，并毕业于麦吉尔大学。5年后，我参加伯恩在美国旧金山举行的研讨会时，才知道我们的背景在很多方面都具有相似性：我们的第一学位都是古希腊和古罗马文学，我们都对人如何受过去经历的影响感兴趣——有些人完全由"过去"决定自己是谁，而另一些人仅将其作为影响的一部分。然而，伯恩令我印象最深刻的是他的四种个性特征：过人的智慧、激光一样的专注力、奇特的冷幽默，以及他从看似混乱的人类互动背后洞察潜在规则与模式的能力。

读者可以从本书中发现所有这些特点。伯恩的"游戏分析"的优势之一就在于它将人们的内在体验与人际行为联系起来，既涉及心理层面，又涉及社交层面,既包括即时互动,也包括长期交往。他为这些"游戏"冠以令人惊讶又时常诙谐幽默的名字,这可以使我们带着温和的幽默,用些许不同的视角重新审视事物并认识自己。

起初,本书的一些读者会将其送给伴侣或朋友,并以得意的口吻(如果不是彻头彻尾的报复语气)说:"哇,他是不是看透你打什么算盘了!"但这并不是伯恩的本意。他的确邀请我们对自身的荒谬言行和借口进行自嘲,但他的幽默并无恶意。更确切地说,这就像突然出现在我们面前的、可以推开的一扇门。另外,在治疗中,伯恩创造了另一扇门。他请患者明确治疗合约——"你希望改变什么?当你改变时,我们如何知道?"——问题,来清晰地描绘治疗目标,进而明确判断治疗是否成功——该过程使治疗聚焦。他经常说:"我不做团体治疗,我治愈人。"

1964年,为了出版《人间游戏》,伯恩和他的朋友们不得不自己凑钱支付出版费。而令曾经拒绝出版本书的人大跌眼镜的是,它轻轻松松就登上了畅销榜,诸如安抚、游戏、扭曲、沟通,以及"儿童""父母"和"成人"这样的词语,迅速成为20世纪六七十年代流行文化的一部分,然而它们的意义和内涵常常偏离伯恩的本意。

不幸的是,本书的畅销使沟通分析沦落为时髦的心理学把戏。在喧嚣中,有一个事实常常被遗失,即沟通分析是一种严肃的认知行为取向的治疗方法,能够非常有效地处理自我与他人的内部模型及其他心理动力学议题。

情况稳定后,沟通分析进入了它的后声誉时代,新概念和新技术被纳入,很多旧观点被修正。伯恩已逝,至少在美国,由于对退行患者实施再抚育导致的分裂,使得沟通分析大受打击,相关从业者锐减。[①] 不过,沟通分析的根基依然牢固。

---

[①] 沟通分析贯注学派创始人希夫(Schiff)主张患者退行到婴儿时期,实施再抚育治疗,但其操作引发了伦理争议。另外,在其治疗中心发生了命案,引起了轩然大波。最后希夫被国际沟通分析协会除名。——译者注

序言（2004）

## 沟通分析的现状

目前，全世界有超过10 000人自称为沟通分析师。沟通分析在很多国家都有正式的地区性组织，并有一个国际性组织和五个跨国组织：国际沟通分析协会、美洲沟通分析协会（Americas Transactional Analysis Association，ATAA）、西太平洋沟通分析协会（Western Pacific Association of Transactional Analysis，WPATA）、拉丁美洲沟通分析协会（Asociación Latinoamericana de Análisis Transaccional，ALAT）和欧洲沟通分析协会（European Association of Transactional Analysis，EATA）。仅欧洲沟通分析协会就有超过6000名会员。这些组织由非专业人士和专业人士共同组成。它们在心理治疗、咨询、教育和组织发展领域提供以能力为基础的资格认证考试，从而确保质量，并能够持续带来新会员。在英国和澳大利亚等国家，接受沟通分析训练可以作为完成硕士学位要求的一项主要内容。

凭借敏锐的洞察与直觉（展现在他实用的总结和富有价值的教学图示中），伯恩用他那个时代的科学术语陈述了自己的观点。然而，现在，我们可以用当代的科学术语理解他的思想。下面给出了几个例子。

## 安抚

伯恩将"安抚"定义为一个人给予另一个人的认可，并认为它对个体的生理和心理健康不可或缺。现在，物质剥夺、婴儿依恋以及实际的躯体接触对健康的重要性可能是心理健康领域研究得最为充分的主题。例如，已有研究证明，非常年幼的儿童需要躯体安抚才能维持生存，不过，随着我们学会用言语及非言语的方式交换安抚，实际的躯体安抚变得不那么必要了。

## 自我状态

伯恩将自我状态描述为统一且同时出现的思维、情绪和行为方式。现在，我们可以将其理解为大脑特定神经网络的表现。脑成像技术的发展使神经网络得以真正可视化。

伯恩将早年形成的神经网络称为儿童自我状态。一旦激活了其中一个，我们就会表现得像儿时的自己。有一部分神经网络代表的是我们内化了的养育者，当我们体验到它时，伯恩将之称为父母自我状态。处于父母自我状态时，我们就会像父母或者承担父母角色的人那样思考、感受和行动。以非情绪化的方式处理此时此地事宜的自我状态被称为成人自我状态。处于成人自我状态时，我们客观评估现实，并基于事实做决定，同时确保儿童自我状态或父母自我状态的情绪或观念不会污染这一过程。

值得注意的是，自我状态是真实可见的，不像精神分析中的自我、本我和超我那样是假设的概念。还应强调的是，我们拥有全部三种自我状态，依据时间和情境的适当性，我们会激活不同的自我状态。换句话说，成人自我状态是一种或一组自我状态，与成年人类不是一回事。

一种自我状态一经识别，就很容易被再次识别。这一概念模型使我们可以描述发生在个体内部不同自我状态之间或者不同人的自我状态之间的沟通过程。

每一次沟通都包含两个部分：一个刺激和一个回应。单次沟通通常是一系列沟通中的一部分。对一系列沟通进行分析，可以让我们对有效沟通和无效沟通进行观察，从而详细检视人们如何获得安抚、如何使用时间及如何与他人相处。我们随后会讨论，游戏是一种与他人相处并互动的特殊方式。

序言（2004）

## 游戏分析

在《人间游戏》中，伯恩把游戏描述为模式化的、可预测的一系列沟通，其表面看似合理，实际暗藏动机，并导致明确可预测的结局。它们是人们习以为常但功能不良的获得安抚的方法，卷入游戏的人无法充分觉察他们在沟通中的两个层面。伯恩绝不是指一个人有意操纵或故意迷惑他人，就像人们如今常说的"他在耍心机"或者阿尔比（Albee）[①] 的话剧《谁害怕弗吉尼亚·伍尔夫？》（*Who's Afraid of Virginia Woolf*）中描述的婚姻战争游戏。

伯恩希望随着知识的积累，游戏分析可以进一步得到改进，但他确实提出了游戏分析的理论要素：正题、目的、角色、沟通模式、范例、行动、六种获益和结局。他还概述了几种分类体系。随后（1972），他提出了描述游戏的基本公式。[②] 他认为，一个沟通系列如果不符合该公式，就不是游戏。该游戏公式如下：

$$C + G = R \rightarrow X \rightarrow P$$

骗局[③]　　叩乘之机　　回应　　　转换　　　结局
（Con）　　（Gimmick）　（Response）　（Switch）　（Payoff）

"骗局"是游戏发起者（agent，简称A）的第一个行动或邀请。"叩乘之机"是另一个人B的弱点，这个弱点会导致他对骗局做出回应。转换是指A的自我状态发生转换。P是他的结局，一种惊讶的情绪。为了更清楚地加以说明，我们来看一个说谎的小孩约翰尼的例子。

---

[①] 爱德华·阿尔比（Edward Albee，1928—2016），美国荒诞派剧作家。——译者注
[②] 该公式的首次提出是在《人生脚本》（*What Do You Say after You Say Hello?* 1972）中。——译者注
[③] 也有译者将Con和Gimmick分别翻译为"抛饵"和"上钩"。另外，读者请注意，这里列出的公式与伯恩最后在《人生脚本》（1972）一书中提出的公式并不相同。伯恩最后提出的公式为：C＋G＝R→S→X→P，解释也稍有不同。具体请参见《人生脚本》。——译者注

约翰尼，5岁，父母正和朋友们在餐桌边喝咖啡，他在房间里跑进跑出，兴高采烈地拉着最喜欢的卡车。突然，客厅传来碰撞声。妈妈走到客厅，发现咖啡桌上的玻璃花瓶被撞倒摔碎了。

"这是谁干的？"她问。

"狗狗。"他回答。

妈妈气得脖子都红了，因为5分钟前她就让狗出去了。她走上前并揍了他，说："我才不要撒谎的孩子！"

打碎了花瓶的人很明显。但约翰尼的妈妈还要问是谁打碎了花瓶。在表面上，这是成人自我状态关于信息的询问，但在心理层面，这是对约翰尼撒谎的邀请——他当真这么做了。当妈妈气红了脖子时，她从成人自我状态转换为父母自我状态。她的结局是突然惊讶地感受到正义的愤怒。

我们可以说，妈妈玩的是"现在我可逮着你了，你这混蛋"游戏。值得注意的是，她并没有故意或有意识地打算"逮着"儿子并揍他一顿。相反，结果让她相当心烦意乱。对约翰尼而言，他玩的是"踢我吧"的游戏。如果他当时承认"是我干的"，便不会有后面的游戏了。

## 伯恩之后的游戏分析

分析游戏最为清晰的方法之一是由鲍勃·古尔丁（Bob Goulding）和玛丽·古尔丁（Mary Goulding）在20世纪70年代晚期提出的。在他们看来，一个游戏由以下一系列沟通构成。

1. A 发出一个表面信息，同时还发出一个隐藏信息。
2. B 对隐藏信息做出回应。
3. A 转换自我状态，并产生令人惊讶的消极情绪。

以约翰尼和母亲的场景为例，我们可这样分析该游戏：

序言（2004）

母亲（A）：表面沟通——"这是谁干的？"在社交层面，这仅仅是一个寻求事实的提问。在心理层面，这是对约翰尼撒谎的邀请。

约翰尼（B）："狗狗。"约翰尼对隐蔽沟通做出了回应。

母亲（A）：母亲转换自我状态时，脖子变红，并且以令人惊讶的消极情绪结束。

古尔丁夫妇注意到，游戏通常以游戏发起者最终的情绪或得出的结论命名。由于是母亲发起了这个序列，并且在结束时因发现一个坏蛋而体验到正义的愤怒，所以我们把这个游戏称为"现在我可逮着你了，你这混蛋"。对于约翰尼而言，他玩的是"踢我吧"，在这个游戏结束时，他获得了被踢的感受。

## 戏剧三角

史蒂芬·卡普曼（Stephen Karpman）在20世纪60年代末对伯恩有关游戏角色的研究进行了扩展，他指出，所有戏剧都需要一个受害者。此外，要成为受害者，还需要一个拯救者或一个迫害者。为了让这出戏继续演下去，人们互换角色，甚或引入第三方，构成沟通中的"戏剧三角（drama triangle）"。

在游戏中，所有参与者都会交替扮演这三种角色。人们在扮演一种角色时可能会突然惊讶地发现自己正在扮演另一种角色。在上面的例子中，妈妈可能从拯救者开始，转换为受害者，然后在结束时变成约翰尼的迫害者。约翰尼从（对妈妈的）迫害者转换为受害者。

在20世纪70年代中期，希夫（Schiff）及其追随者注意到，在玩游戏时，每一个参与者都没有完全使用他的自我状态。例如，在"现在我可逮着你了，你这混蛋"游戏中，一方激活了父母自我状态和成人自我状态，另一方激活了儿童自我状态。他们共同激活了全部三种自我状态。这就好像两个人一起才构成了一个完整的人。

在约翰尼和母亲的例子中，母亲的成人自我状态和父母自我状态在运作，约翰尼的儿童自我状态在运作。如果反复玩这个游戏，危险在于约翰尼在成长的过程中无法形成感受自责和内疚的能力。长大后，约翰尼会担心来自外部的羞辱，并忙于讨好、挫败或欺骗权威人物。换言之，他将无法恰当地运用自己的成人自我状态和父母自我状态。

游戏的发起者带有漠视。漠视有四种类型：(1)漠视问题的存在；(2)漠视问题的重要性；(3)漠视问题可以被自己解决；(4)漠视问题可以被任何人解决。

约翰尼的母亲漠视了狗在外面，好动的约翰尼正站在打碎的花瓶旁这一事实。她也漠视了家里没有适当的儿童防护设施这一事实。更适宜的回应可能是"往后站"或者"把扫帚拿过来"。

## 脚本背景下的游戏

1979年，R. G. 厄斯金（R. G. Erskine）和 M. J. 扎克曼（M. J. Zalcman）扩展了伯恩关于游戏结局强化了个体基本的心理地位这一观点。心理地位是个体关于自己和他人的基本态度，也是他们的脚本决定的。换句话说，游戏及其结局不断重复，就构建了脚本。在这本早期著作中，伯恩已经注意到了"欠债者"游戏是如何衍生为人生的计划的。

约翰尼妈妈的游戏可能以再次感到他人（或男人）不好且会对她撒谎而告终，从而再次验证了她对自己、他人及世界可以期待什么的既有决定。显然，这样的假设需要仔细核查，否则就是疯狂的猜想。还有可能，她会创造产生消极情绪的情境，然后利用这些情绪推进她的脚本。例如，她可能搜集糟糕的情绪，从而支持自己有理由毫无内疚地表达对约翰尼的反感以及想摆脱他的愿望，或者支持自己有理由毫无内疚地离婚。在这种情况下，我们将这些情绪称为情绪"扭曲（racket）"。她会利用自己的痛苦，像用积分券一样在日后兑换"奖品"。

## 序言（2004）

我认为，现有的对婴儿及学步儿与其母亲互动的录像已经显示，有些游戏甚至在生命的第一年就开始了。它们可能在儿童会说话前很久就以模式化行为的方式储存在内隐记忆中。就像伯恩所说的，我们会积极教导自己的孩子玩特定类型的游戏。其实，这里描述的5岁的约翰尼与母亲之间的互动可能是长久以来相同的互动中最近发生的一次。在这些互动中，约翰尼被教会了玩"踢我吧"的游戏。

1977年，范妮塔·英格利希（Fanita English）注意到，当个体表达某种情绪以掩盖被禁止的情绪时["扭曲过程（racketerring）"]，如果他无法让他人用自己儿时习惯的方式安抚自己，游戏便会产生。作为回应，他们会转换自我状态。她总结，游戏其实只有三种主要类型："现在我可逮着你了，你这混蛋"，个体从无助的或反抗的儿童自我状态转换到父母自我状态；"踢我吧"，个体从专横或热心的父母自我状态转换到儿童自我状态；"大吵"，双方同时转换自我状态并扬长而去。英格利希还描述了人们有时是如何玩不同的游戏来验证两种心理地位的。例如，类似于约翰尼妈妈的人可能会玩"现在我可逮着你了，你这混蛋"的游戏，强化"我好，你不好"的心理地位。之后，在压力下，又转换到"踢我吧"游戏，强化"我不好，你好"的心理地位。如今，我们可以将这种情况视作个体强化两套不同的基本组织原则的示例：一套处于外显记忆中（"我好，你不好"），另一套处于更深层的内隐记忆中（"我不好，你好"）。在这方面，伯恩在《人间游戏》出版后曾谈到心理"T恤衫"：正面可能写着"请爱我"之类的话——但当穿衣者转身，你会看到其背后写的是"不是你，笨蛋"。

C. 斯坦纳（C. Steiner）强调，游戏是为获得安抚而展开的较量。对成年人的心理存活而言，安抚必不可少，但社会及个体内心的规则限制了人们自由交换安抚，导致安抚普遍处于缺乏状态。

## 大群体中的游戏

最近,夏洛特·西尔斯(Charlotte Sills)指出,人们之所以在群体中重复玩相同的游戏,可能是在表达群体尚未解决的人类基本困境。换言之,玩"现在我可逮着你了,你这混蛋"或"瑕疵"游戏的人,除个人问题外,还可能是在表达群体未被觉察的回避。群体回避解决与信任有关的普遍人类议题。

## 沟通分析的现在与未来

当前,沟通分析,包括游戏分析,被应用于各种领域——个体治疗、婚姻和团体治疗、咨询、教育以及组织发展。它的基本概念似乎得到了当代神经科学发展的支持。其中,支持安抚和自我状态的证据最为有力,它们正是该理论的核心基础。对治疗效果及患者满意度的研究表明,沟通分析具有高度有效性。不仅如此,心理健康领域近期的两大发展也与沟通分析在21世纪的重要性直接相关,它们是积极心理学和心智化。

近年来,人们对诸如感恩、希望、乐观、心流、正念和亲密等现象在成功地生活与成熟中的重要性重燃兴趣。它们曾是20世纪60年代人本主义心理学运动中的重要概念,但当时的支持者对研究并无兴趣。现在,此类研究正在进行,对修女、大学生以及他人生活的探究正以回溯性研究和前瞻性研究的方式积极展开。

这项运动如今被称为"积极心理学",它对沟通分析来说,永远是一项重要元素。因为伯恩强调要通过正当的做人和做事的方法获取安抚,强调蕴含在觉察、自发及亲密中的"好"与自主,还强调要帮助人们摆脱游戏和破坏性脚本。

人们能够认识到自己和他人都受内心状态、想法和情绪的激发是非常

## 序言（2004）

重要的，如今的心理健康工作者也更加意识到了它的重要性。这种能力曾被冠以不同的名称，如"心理学头脑（psychological mindedness）""心智化（mentalizing）"和"情绪智力（emotional intelligence）"。它强调共情与社交熟练性，是心理复原力（应对压力的能力）的重要方面之一。

伯恩用简单、吸睛甚至是白话的语言描述了人与人之间可观察的互动。它使人们认识到自己的行为是可以理解的，更重要的是可以改变的。伯恩为人们发展心理学思维提供了框架。这正是海因茨·莱曼说伯恩推动了精神病学发展的含义。这也是沟通分析曾经流行并将继续流行的原因。

最早出现在《人间游戏》中的很多思想如今已广为流传，以致我们甚至忘记了它们的出处。另一方面，沟通分析师也在吸收其他学派的理念与技术，沟通分析从业者不断修正并扩展伯恩最初的观点。他们的做法正践行伯恩的一句名言中的精神："我不做团体治疗，我治愈人。"

这是一本值得反复阅读的书。每当我重新阅读时，总会被伯恩的很多直觉灵感的可靠性与有用性打动，被他敏锐的临床观察打动，也被我们将继续得到他多少恩惠而打动。

因此，我欢迎你，读者，来阅读这本影响非凡的著作。

---

詹姆斯·R. 艾伦（James R. Allen），医学博士，美国俄克拉何马大学健康科学中心精神病学和行为科学系退休教授、雷恩博尔特家族（Rainbolt Family）儿童精神病学教授、国际沟通分析协会前主席、沟通分析教师及督导师、艾瑞克·伯恩纪念奖获得者。

# 序　言

　　这本书主要是《心理治疗中的沟通分析》（*Transactional Analysis in Psychotherapy*）[1] 一书的续集，但我事先已经计划使其成为一本可以独立阅读和理解的书。本书第一部分总结了清晰地理解和分析游戏所必需的理论。第二部分逐个描述了各种游戏。第三部分在旧有资料的基础上，增加了临床和理论的新材料，使我们能在一定程度上理解摆脱游戏意味着什么。想进一步了解背景信息的读者可以阅读上一本书。阅读过这两本书的读者会注意到，除了理论进展外，基于进一步的思考、阅读和临床资料，本书的术语和观点也有一些细微的变化。

　　阅读本书的必要性从我的学生和讲座听众的兴趣中可见一斑。他们希望获得一份游戏清单，或者希望我进一步阐述在讲解沟通分析原理时简单提及的例子。总体来说，感谢这些学生与听众；特别要感谢许许多多勇于自我暴露，使新游戏被看到、发现或命名的患者；尤其感谢芭芭拉·罗森菲尔德（Barbara Rosenfeld）小姐关于倾听的艺术和意义的许多见解；还有梅尔文·博伊斯（Melvin Boyce）先生、约瑟夫·康坎农（Joseph Concannon）先生、富兰克林·厄恩斯特（Franklin Ernst）医生、肯尼斯·埃弗茨（Kenneth Everts）医生、戈登·格瑞特（Gordon Gritter）医生、弗朗西斯·马特森（Frances Matson）夫人和雷·波因德克斯特（Ray Poindexter）医生，他们独立发现或确认了很多游戏的含义。

　　克劳德·斯坦纳（Claude Steiner）先生曾是旧金山社会精神病学研讨会

(San Francisco Social Psychiatry Seminars)的研究室主任，目前就职于密歇根大学心理学系。在此特别提到他是基于两点原因：他是最早开展实验并证实了本书的很多理论观点的人，而且这些实验非常有助于澄清自主和亲密的本质。我也要感谢研讨会财务秘书薇奥拉·利特（Viola Litt）小姐和我的私人秘书玛丽·威廉姆斯（Mary N. Williams）夫人一直以来的帮助，以及安妮·加勒特（Anne Garrett）帮忙审校。

### 语义解释

为方便起见，本书主要从男性角度描述游戏，除非它们具有明显的女性色彩。因此，主角通常以"他"表示。但这绝非偏见，除非另有说明，同样的情况在细节上做出必要的修正后，就可以换成"她"。如果女性角色与男性角色存在明显差异，将得到分别处理。书中的治疗师也以"他"表示，不带偏见，原因类似。本书的用词和视角主要针对从业的临床医生，但其他专业人士也可能发现本书的有趣或有用之处。

尽管本书的一些术语现在也是被广泛使用的数学术语，例如 payoff[①]，但沟通分析中的游戏分析应与数学中的博弈分析这门正在发展的姊妹学科加以明确区分。[②]数学理论中的博弈论详见卢斯（R. D. Luce）和雷法（H. Raiffa）合著的《博弈与决策》（Games & Decisions）[2]。

于加利福尼亚州卡梅尔市

1962 年 5 月

---

[①] payoff 一词在本书介绍的游戏分析中译作"结局"，在数学领域的博弈论中译作"收益"。——译者注

[②] 沟通分析中的"游戏"与数学博弈论中"博弈"对应相同的英文单词"game"，故容易混淆，但中文已做区分。——译者注

—— 参 考 文 献 ——

[1] Berne, E., *Transactional Analysis in Psychotherapy*. Evergreen, 1961.
[2] Luce, R. D., and Raiffa, H., *Games & Decisions*. Chapman & Hall, 1957.

# 目 录

引 言 ·············································································· 1
    社会交往 ····································································· 2
    时间结构 ····································································· 4

## 第一部分　游戏分析／9

第一章　结构分析 ······························································ 11
第二章　沟通分析 ······························································ 17
第三章　程序和仪式 ··························································· 23
第四章　消遣 ····································································· 29
第五章　游戏 ····································································· 37
    一、定义 ····································································· 38
    二、典型游戏一则 ······················································· 40
    三、游戏的起源 ·························································· 47
    四、游戏的功能 ·························································· 49
    五、游戏的分类 ·························································· 51

## 第二部分　游戏汇编／55

概　述 ············································································· 57
    一、对游戏的解说 ······················································· 58

| | | |
|---|---|---|
| | 二、通俗化表达 | 60 |
| **第六章** | **人生游戏** | **61** |
| | 一、"酒鬼" | 62 |
| | 二、"欠债者" | 69 |
| | 三、"踢我吧" | 71 |
| | 四、"现在我可逮着你了,你这混蛋" | 72 |
| | 五、"看你让我做了什么" | 75 |
| **第七章** | **婚姻游戏** | **79** |
| | 一、"逼入困境" | 80 |
| | 二、"法庭" | 84 |
| | 三、"性冷淡的女人" | 86 |
| | 四、"疲惫不堪" | 89 |
| | 五、"要不是因为你" | 92 |
| | 六、"看我已经多努力了" | 92 |
| | 七、"亲爱的" | 95 |
| **第八章** | **聚会游戏** | **97** |
| | 一、"这难道不糟糕" | 98 |
| | 二、"瑕疵" | 100 |
| | 三、"笨手笨脚的人" | 102 |
| | 四、"你为什么不……是的,但是……" | 104 |
| **第九章** | **性游戏** | **113** |
| | 一、"你和他斗吧" | 114 |
| | 二、"性倒错" | 115 |
| | 三、"挑逗" | 116 |
| | 四、"丝袜游戏" | 120 |
| | 五、"大吵" | 121 |

## 第十章　黑社会游戏 ……… 123
　　一、"警察和盗贼" ……… 124
　　二、"你怎么才能离开这里" ……… 128
　　三、"让我们欺骗乔伊" ……… 130

## 第十一章　咨询室游戏 ……… 133
　　一、"温室" ……… 134
　　二、"我只是想帮你" ……… 136
　　三、"贫困" ……… 140
　　四、"乡下人" ……… 143
　　五、"精神病学" ……… 146
　　六、"愚蠢" ……… 149
　　七、"木头腿" ……… 150

## 第十二章　好游戏 ……… 155
　　一、"照常工作的假日" ……… 156
　　二、"献殷勤的男士" ……… 157
　　三、"乐于助人" ……… 159
　　四、"平凡的圣人" ……… 160
　　五、"他们会很高兴认识我" ……… 160

# 第三部分　超越游戏／163

第十三章　游戏的意义 ……… 165
第十四章　玩家 ……… 169
第十五章　一则范例 ……… 173
第十六章　自主 ……… 177
第十七章　自主的获得 ……… 183
第十八章　游戏之后是什么 ……… 187

附录　行为分类……………………………………………… 189
消遣和游戏索引……………………………………………… 193

引 言

## 社会交往

《心理治疗中的沟通分析》[1]一书已用较大篇幅介绍了社会交往理论，现概述如下。

斯皮茨（Spitz）发现[2]，婴儿如果长时间得不到抚触，往往会陷入不可逆转的机能衰退，并可能最终死于并发症。事实上，这就是他所说的情感剥夺可能导致致命性后果的含义。这些观察结果导致了刺激渴望（stimulus-hunger）这一概念的诞生，同时表明，人们最喜欢的刺激形式是能带来身体亲密感的刺激。基于日常生活经验，这一结论不难理解。

类似的现象也出现于参与感觉剥夺实验的成年被试身上。在实验条件下，感觉剥夺会导致短暂的精神病，或至少引发暂时的精神障碍。过去，在被判长时间单独监禁的个体身上，社交剥夺和感觉剥夺也表现出了类似的影响。事实上，即使是对身体暴力无动于衷的罪犯，单独监禁也是最可怕的惩罚之一[3][4]。现在，它成了臭名昭著的诱导政治服从的程序（相反，对抗政治服从的已知的最佳武器是社会组织[5]）。

从生物学角度看，情感剥夺和感觉剥夺可能引发或促生器质性改变。如果对脑干网状激活系统[6]①刺激不足，可能直接导致或至少间接导致其中的神经细胞退化。这可能是营养不良的次生效应，但营养不良本身可能就是

---

① 网状激活系统是脑干腹侧中心部分神经细胞和神经纤维相混杂的结构，可以控制睡眠、觉醒，并参与运动模式组织、情绪反应完成、注意力加强、记忆的促进与巩固等多项大脑功能。——译者注

个体情感淡漠的产物,就像罹患消瘦症的婴儿遭遇的那样。因此,我们可以推测存在一条生理链条,从情感和感觉剥夺开始,经由情感淡漠,直至细胞退化和死亡。从这个意义来说,刺激渴望与人类机体存活之间的关系和食物渴望与人类机体存活之间的关系相同。

事实上,不仅是从生物学角度,从心理学和社会学角度来说,刺激渴望在很多方面都与食物渴望相似。诸如营养不良、餍足、佳肴美馔、美食家、猎奇、禁欲、烹调艺术、烹饪大师这样的用语,轻易就可以从营养领域转移到感觉领域。例如,过饱进食与过度刺激相似。在这两个领域的一般情况下,即供应充足、花样繁多时,个体的选择主要受个人癖好影响。某些或许多个人癖好也许由先天因素决定,不过,它们与本书讨论的问题关系不大。

在个人选择问题上,社会精神病学家关心的是,在正常成长过程中,婴儿与母亲分离后会发生什么。至今已有的看法可用"通俗的话"[7]总结为:"如果得不到安抚,你的脊髓就会萎缩。"因此,与母亲亲密无间的阶段结束后,个体余生的命运与生存都面对着进退两难的困境:一方面,社会的、心理的和生物学的力量都在阻挡个体继续以婴儿的方式获得身体上的亲密;另一方面则是他对此永恒的追求。在大多数情况下,他会妥协。他学会以更微妙甚至是象征的方式获得抚触,以致仅是点头认可都在一定程度上能够满足他的需要。不过,他原本对身体接触的渴求可能依然没有减弱。

这个妥协的过程可以用不同的术语命名,例如"升华";但无论称谓如何,其结果都是婴儿的刺激渴望部分转化为认可渴望(recognition-hunger)。随着妥协的复杂程度增加,每个人对认可的追求变得越来越个人化;正是这种差异带来了社会交往的多样性,并决定了每个人的命运。一位电影演员每周可能都需要听到几百次匿名的交口称赞才能避免脊髓萎缩,而一位科学家一年可能只需要从一位备受尊敬的专家那里获得一次安抚,便能维持身体和心理的健康。

"安抚行为(stroking)"可以作为身体亲密接触的总称;在实际生活里,它表现为不同的形式。有些人就像字面含义那样抚摩婴儿,有些人拥抱或轻拍婴儿，还有人会玩闹式地捏捏婴儿或用一根手指轻轻弹他。所有这些形式都可以在谈话中找到对应的方式。因此，通过观察一个人如何谈话，就可以预测他会如何接触婴儿。如果将"安抚行为"的含义扩展，通俗地说，它可以指代任何承认他人存在的行为。因此，安抚（stroke）可以作为社交行为的基本单位。交换一次安抚就构成了一次沟通（transaction），一次沟通又是社会交往的一个单位。

就游戏理论而言，这里的原则是"任何社会交往与没有交往相比，都具有生物学优势"。S. 勒温（S. Levine）[8]令人印象深刻的大鼠实验展示了这一原则。在实验中，抚触不仅对大鼠的身体、心理和情感发展产生了积极影响，也对它们大脑的生物化学过程，甚至是对白血病的抵御能力，都产生了积极影响。这些实验的重要发现是，温柔的抚触与痛苦的电击对于改善动物健康来说，具有同等效用。

该实验对我们以上所谈内容的验证，使我们更有信心进入下一部分。

## 时间结构

我们姑且假定，抚摩婴儿和给予成人象征性的等同物——认可——都具有生存意义。问题是，接下来会怎么样呢？通俗地说，就是人们彼此问候之后，接下来可以做什么呢？不管问候只是口头说一声"嘿"，还是持续数小时的东方仪式。在刺激渴望和认可渴望后，随之而来的是结构渴望（structure-hunger）。青少年长期面临的问题是："之后，你要对他说什么？"不只是青少年，对其他很多人来说，没有什么比社交空隙，即一段沉默且没有安排的时间，更令人不舒服的了。此时，除了说"你不觉得今晚的这些墙特别直吗？"以外，在场的任何人都想不出更有趣的话题了。如何将清醒时的时间结构化①是人类面对的永恒问题。从存在主义的视角看，所有社交生活都具有彼此协助

---

① 人与人相处的时候，度过时间的方式。——译者注

以解决此问题的功能。

从操作的方面将时间结构化可称为程序设定（programing），它包括三个方面：物质的、社会的和个人的。时间结构化最常见、最方便、最舒服和最实用的方法是设计一个处理外部现实中与物质相关的项目①，即所谓的工作（work）。该项目严格来说应称为活动（activity）；"工作"一词不太恰当，因为社会精神病学②作为广义的理论，必须认识到社会交往也是工作形式之一。

与物质相关的程序设定（material programing）是为了应对在处理外部现实的过程中遇到的变化；我们在这里关注的仅是活动可以为安抚行为（认可）及其他更复杂的社会交往形式提供社会环境。与物质相关的程序设定并非社交问题；它在本质上以数据处理为基础。例如，造船活动依赖一系列测量和可能性评估，为了使建造活动持续进行，该过程中所发生的任何社交互动都必须处于次要地位。

与社交相关的程序设定（social programing）带来仪式或半仪式的交流。最主要的评判标准是当地的可接受性，即通常所说的"礼貌"。世界各地的父母都会教自己的孩子懂礼貌，这意味着他们知道恰当的问好、进食、排泄、求爱和哀悼仪式是什么，以及如何带着适当的反对和赞成谈论某一话题。反对什么和赞成什么，有些是世界范围的，有些是地域性的，显示了个体的得体性或交际能力。例如，就某地的传统来说，进餐时打嗝或问候其他男性的妻子分别受鼓励或被禁止，事实上，这两种沟通间存在很高的负相关。在允许进餐打嗝的地区，问候女眷是不明智的做法；而在人们可以问候女眷的地区，进餐打嗝则是不明智的做法。通常来说，正式的仪式先于半仪式的话题交流，我们可以将后者区分出来，称之为消遣（pastime）。

---

① 例如后文提到的造船。——译者注
② 美国国立精神卫生研究所（National Institutes of Mental Health）在20世纪中期提出的一个概念，试图解决由社会或环境因素引起的可控性精神疾病，强调了预防对于精神疾病治疗的重要意义。——译者注

随着人们彼此愈发熟悉，越来越多的个人程序设定（individual programming）逐渐出现，然后，一些"事件"就会发生。这些事件表面看是偶然的，相关当事人可能也会这么说，但仔细研究就会发现，它们往往遵循特定的模式，这些模式可以被整理和分类；另外，一些隐性规则限制了这些事件的发生顺序。无论是友善关系，还是敌对关系，只要遵照规矩玩下去，这些规则便会持续保持隐性；一旦有人做出破坏规矩的行为，这些规则就会变成显性的，并导致在象征层面、语言层面或者法律层面大喊一声"犯规！"。与消遣相反，这样的行为序列更多地基于个人程序设定而非社会程序设定，可以称之为游戏（game）。家庭生活、婚姻生活以及在各种组织中的生活，都有可能年复一年地建基于同一游戏的不同变体。

说大多数社交活动由玩游戏构成，并不意味着社交活动大多"好玩儿"，或者当事人对待关系不认真。第一，"玩"足球和其他体育"游戏"可能一点都不好玩儿，选手反而可能相当忧虑；此类竞技比赛和赌博及其他形式的"游戏"一样，可能非常严肃，有时甚至有致命的可能。第二，有些作者，如赫伊津哈（Huizinga）[1][9]，既然可以将食人族盛宴这样严肃的事情纳入"游戏"，本书将诸如自杀、酒精和药物成瘾、犯罪或精神分裂这些悲剧行为称为"玩游戏"，也并非不负责任、滑稽或残酷之举。人类游戏的本质特征并非情感欺骗，而是情感的规则化。情感的规则化表现为情感表达一旦不合规则，便会受到处罚。"玩"可能具有非常可怕的严肃性，甚至具有致命的严肃性，不过，只有规范被打破时，社会处罚才会变得严重。

消遣和游戏是真实生活中真实亲密的替代品。因此，它们可以被视作初始诺言而非真正结盟，正因如此，它们是带有悲凉色彩的玩耍。当个人（通常是本能的）程序设定变得更加强烈，社交模式化行为、隐性规则和动机均开始让路时，亲密便开始发生。亲密是唯一能够完全满足刺激渴望、认可渴望和结构渴望的方法。它的原型是充满爱的受孕行为。

---

[1] 荷兰语言学家和历史学家。他在《游戏的人》（*Homo Ludens*）一书中讨论了游戏在文化和社会中所起的重要作用。——译者注

结构渴望具有与刺激渴望相同的生存意义。刺激渴望和认可渴望表达了个体避免感觉饥饿和情感饥饿的需要，这两种饥饿都会导致生理退化。结构渴望表达了个体免于无聊的需要。克尔凯郭尔（Kierkegaard）①[10]曾说，恶始于缺乏结构的时间。久而久之，无聊就会成为情感饥饿的同义词，并导致相同的结果。

一人独处时有两种结构化时间的方法：活动和幻想。有的人即便在人群中也可能是独处状态，就像每位教师知道的那样。当个体成为由两人或多人组成的社会群体的一员时，就有结构化时间的多种选择。根据复杂程度，它们可以分为：(1)仪式；(2)消遣；(3)游戏；(4)亲密；(5)活动。活动可以成为其他时间结构的社会背景。群体中每位成员的目标都是通过与其他成员互动，尽量获得满足。他越容易接近，获得的满足就越多。在社交活动中，他的大部分程序设定是自动化的。有些"满足"是在诸如自我伤害的程序设定下获得的，因此，这种情况下的满足很难从"满足"的惯常意义中识别出来。因此，用更中性的词替换更好，例如"获益（gains）"或"好处（advantages）"。

社交交往的好处主要是生理和心理的平衡。它们与以下因素有关：(1)缓解紧张；(2)避免有害情境；(3)获取安抚；(4)维持已建立的平衡。生理学家、心理学家和精神分析师已经对这些因素进行了详细的研究与讨论。若翻译为社会精神病学术语，它们分别是：(1)首要内在获益；(2)首要外在获益；(3)二级获益；(4)存在性获益。前三项与弗洛伊德（Freud）所说的"疾病获益"相仿，分别为：因病内在获益、因病外在获益和不健康获益。②[11]经验显示，从获益的角度研究社交交往比从防御的角度进行研究更具实用性和启发性。首先，最好的防御是完全不参与互动；其次，"防御"只涵盖了前两种获益，而丢失了剩余的第三种和第四种获益。

---

① 丹麦宗教哲学心理学家、诗人，现代存在主义哲学的创始人，后现代主义的先驱，也是现代人本心理学的先驱。——译者注

② 某人如果不能做某项工作，心里可能会感到内疚，但如果生病，就不会感觉那么糟糕，这是生病带来的首要获益。因为生病，还可能避免了某些工作、获得经济补偿等，这是生病的二级获益，或不健康获益。——译者注

最令人满意的社交形式是游戏和亲密，不论它们是否以某种活动为背景。持久的亲密很少见，即便如此，它主要也是私密的事情。重要的社交互动通常以游戏的形式表现，这便是本书主要关注的主题。如果想进一步了解有关时间结构的信息，可以参阅本人有关团体动力学的著作[12]。

## ── 参 考 文 献 ──

[1] Berne, E., *Transactional Analysis in Psychotherapy*, Evergreen, 1961.

[2] Spitz, R., Hospitalism: Genesis of Psychiatric Conditions in Early Childhood, *Psychoanalytic Study of the Child*; 1:53-74, 1945.

[3] Belbenoit, René, *Dry Guillotine*, Cape, 1938.

[4] Seaton, G. J., *Scars on my Passport*, Hutchinson, 1951.

[5] Kinkead, E., *Why they Collaborated*, Longmans, 1960.

[6] French, J. D., The Reticular Formation, *Scientific American*, 196: 54-60, May 1957.

[7] 本书所使用的口语化表达是在旧金山社会精神病学研讨会中发展而来的。

[8] Levine, S., Stimulation in infancy, *Scientific American*, 202: 80-86, May 1960.

Levine, S., Infantile Experience and Resistance to Physiological Stress, *Science*, 126: 405, 30 August 1957.

[9] Huizinga, J., *Homo Ludens*, Routledge, 1949.

[10] Kierkegaard, S., *A Kierkegaard Anthology* (ed. R. Bretall ), Princeton University Press, 1947, pp. 22ff.

[11] Freud, S., General Remarks on Hysterical Attacks, Standard Edn, n, Hogarth Press, London, 1955.

Freud, S., Analysis of a Case of Hysteria, ibid., Ⅵ, 1953.

[12] Berne, E., *The Structure and Dynamic of Organizations and Groups*, Pitman Medical, 1963.

第一部分

**游戏分析**

# 第一章

## 结构分析

观察人们自发的社交活动（大多是在某种心理治疗团体中进行的富有成效的观察），可以发现他们时不时会明显改变姿势、观点、嗓音、用语及行为的其他方面。这些行为变化通常伴随情绪变化。就某个个体而言，一套行为模式与一种心理状态相对应，另一套行为模式与另一种心理状态相对应，后一种心理状态通常与前一种并不相同。这些变化与差异导致了自我状态（ego state）这一概念的诞生。

用专业语言来说，从现象学角度，自我状态可以被描述为一套统一的情绪系统；从操作角度，自我状态可以被描述为一套统一的行为模式。用更实用的语言来说，自我状态是一个情绪系统伴随一套相关的行为模式。每个人拥有的自我状态集合[①]的数量似乎是有限的，它们并非角色，而是心理现实。这些集合可分为以下类别：(1)类似于父母式人物的自我状态集合；(2)自发地对现实进行客观评价的自我状态集合；(3)固着于童年早期，代表陈旧的残余但仍旧活跃的自我状态集合。用专业术语来说，它们分别被称为外在心灵的（exteropsychic）、新心灵的（neopsychic）和古老心灵的（archaeopsychic）自我状态。[②]通俗地说，它们在展现时被称为"父母""成人"和"儿童"。除了最正式的讨论，这些简单的术语适用于所有讨论。

本书的观点是，在社交的任一时刻，所有人都将呈现父母、成人或儿童自我状态，并且人们从一种自我状态转换到另一种自我状态的速度各有差

---

[①] 这里的自我状态集合表示在一个集合中有很多种自我状态。——译者注
[②] 这里的自我状态原文是复数，意指外在心灵、新心灵、古老心灵中各自包含了多种自我状态。——译者注

异。这些观察发现带来了某些诊断性陈述。"那是你的父母自我状态",意思是"你现在的心理状态与你父母之一(或父母的替代者)曾经的心理状态相同,你用与他相同的姿态、手势、用语、情绪做出反应。""那是你的成人自我状态",意思是"你刚才对情况进行了自主而客观的评估,并且正在以不含偏见的方式陈述你的思考过程、感知到的问题或得出的结论。""那是你的儿童自我状态",意思是"你做出反应的方式和意图和你是小男孩或小女孩时一样。"

解释如下。

1. 每个人都曾有父母(或父母的替代者);每个个体内部都带着一套自我状态,它们会复制父母的自我状态(如同他们感知到的);在特定情形下,这些父母自我状态会被激活(即外在心灵的运作)。通俗地说,"每个人的内心都随身携带着自己的父母"。
2. 如果适当的自我状态可以被激活,每个人(包括儿童、智力落后者和精神分裂症患者)都有客观地处理资料的能力(即新心灵的运作)。通俗地说,"每个人都有成人自我状态"。
3. 每个人都曾比现在的自己年幼,他的内在携带着来自早年经历固着下来的遗存。在某些情况下,这些遗存会被激活(即古老心灵的运作)。通俗地说,"每个人的内心都随身携带着一个小男孩或小女孩"。

现在,是时候画出图1a了,它被称作"结构图"。从目前的观点来看,它可以代表任何一个人的完整人格。其中包含父母自我状态、成人自我状态和儿童自我状态。这三种自我状态被小心地分隔开,因为它们之间差异巨大,而且经常不一致。缺乏经验的观察者一开始可能分不清它们的差异,但任何人只要花工夫学习结构诊断,很快就会对这种区分印象深刻并感到有趣。从现在开始,我们用全部小写的单词指代真实人物,用首字母大写的单词指代自我状态。①图1b是结构图的简化版。

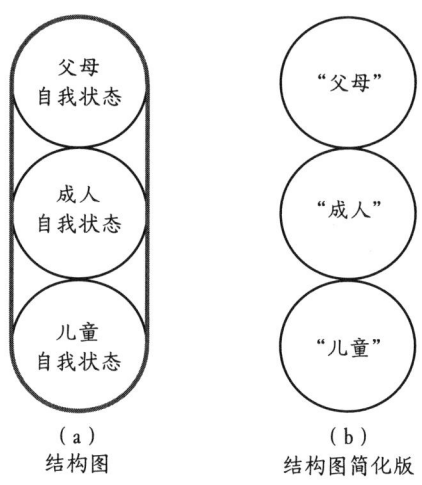

（a）结构图　　（b）结构图简化版

图1　结构图

在我们离开结构分析这一主题前,需要对一些复杂的情况加以说明。

1. 结构分析绝不会使用"幼稚（childish）"一词,因为它包含强烈的不受欢迎的暗示,指向需要立刻停止或抛弃的东西。描述儿童自我状态（古老心灵的自我状态）时,会使用"孩子般（childlike）"一词,因为它更倾向于生物学描述,而非带有偏见的评价。实际上,在很多方面,"儿童"都是人格中最有价值的部分,它对人们生活的贡献与真实儿童对家庭生活的贡献一样,那是魅力、快乐和创造力。如果一个人的"儿童"是困惑的或不健康的,结果也会是不幸的。不过,我们可以,也应该对此做些事情。

---

① 本书原文用parent、adult和child分别表示真实的父母、真实的成人和真实的儿童。用首字母大写的Parent（P）、Adult（A）、Child（C）分别表示父母自我状态、成人自我状态和儿童自我状态。中文无法区分大小写,因此在本译文中,用加引号的"父母""成人""儿童"指代自我状态,不加引号的指代真实的人物。——译者注

2. 同样的道理也适用于"成熟"和"不成熟"这些词语。在结构分析的体系里,并不存在所谓"不成熟的人",只存在被"儿童"不恰当或徒劳无益地接管了的人。不过,他们仍有完整的、结构良好的"成人",只是有待发现或激活。反之,所谓"成熟的人"是在大部分时间"成人"都能维持掌控的人,像其他人一样,他们的"儿童"也可能偶尔接管,并带来令人尴尬的结果。

3. 需要指出的是,"父母"以两种形式呈现,直接的和间接的:前者是活跃的自我状态,后者则是一种影响。当"父母"活跃时,当事人的反应方式和自己父亲(或母亲)真实的反应相同("照我做的做")。当"父母"间接地发挥影响时,个体会依照父母期待的方式做出反应("不要照我做的做,照我说的做")。在第一种情况下,当事人成了父母中的一位;在第二种情况下,他使自己顺从了父母的要求。

4. 因此,"儿童"也会表现出两种形态:适应型"儿童"和自然型"儿童"。适应型"儿童"会在"父母"的影响下,调整自己的行为。他依照父亲(或者母亲)希望的那样表现,例如顺从或早熟。或者,他会通过退缩或抱怨的方式调节自己。因此,"父母"的影响是因,适应型"儿童"是果。自然型"儿童"是自发的表达,例如反叛或创造。醉酒可以验证结构分析。通常,首先被解除的是"父母",之后适应型"儿童"就可以免于"父母"的影响,通过释放转换为自然型"儿童"。

就人格结构而言,有效进行游戏分析时,所需知识很少超过以上内容的范畴。

自我状态是正常的生理现象。大脑是人类精神生活的器官或组织者,它的产物以自我状态的形式组织和保存。彭菲尔德(Penfield)及其同事的一些发现已经成为实在的证据[1][2]。从不同层面看,大脑产物还存在其他分类系统,比如事实记忆,但经验本身自然的表现形式就是心理状态的切换。对人类机体来说,每一类自我状态都有至关重要的价值。

"儿童"中存在着直觉[3]、创造力、自发的驱动力和乐趣。

"成人"是生存的必要条件。它加工数据，估计可能性，对有效地应对外部世界来说必不可少。它也会经历自身的挫败与满足。例如，横穿一条繁忙的公路，需要加工一系列复杂的速度数据；在估计结果显示安全到达马路对面的可能性很高之前，行动被延缓。类似的成功估算带来了满足感，滑雪、驾驶飞机、航海及其他运动所带来的乐趣有一部分也在于此。"成人"的另一项任务是管理"父母"和"儿童"的活动，并在二者之间进行客观的调解。

"父母"主要有两项功能。首先，它使个体能够像真实儿童的父母那样有效地行动，从而促进人类种族的生存。这方面的价值在儿童养育中得以体现，在婴儿期便失去双亲的人与在青春期前家庭并未破裂的人相比，似乎过得更加艰难。其次，它做出了很多自动化反应，节省了大量时间和精力。很多事之所以要这样做，是因为"它就是这样做的"。将日常事务交给"父母"，可以使"成人"免于大量琐碎的决定，把精力放在更重要的事情上。

因此，人格的这三个方面都具有极高的生存和生活价值，只有当其中某一种自我状态扰乱了健康的平衡时，才有必要进行分析和重构。否则，在丰富而高效的生活中，"父母""成人"和"儿童"都有资格得到同等的尊重，并拥有合理的地位。

## 参考文献

[1] Penfield, W., Memory Mechanisms, *Archives of Neurology & Psychiatry*, 67: 178-198, 1952.

[2] Penfield, W., & Jasper, H., *Epilepsy and the Functional Anatomy of the Human Brain*, Churchill, 1954, Chapter 11.

[3] Berne, E., The Psychodynamics of Intuition, *Psychiatric Quarterly*, 36: 294-300, 1962.

# 第二章

## 沟通分析

社会交往的单位是单次沟通。在社会群体中，两人或多人碰面后，迟早会有一人先开口，或用其他某种方式承认他人的存在。这称作沟通刺激（transactional stimulus）。然后，另一个人会说或做一些与这个刺激相关的事，称作沟通回应（transactional response）。简单的沟通分析就是诊断哪一个自我状态发出了沟通刺激，又是哪一个自我状态做出了沟通回应。最简单的沟通是双方的刺激和回应均发自"成人"。发起者对眼前的情况进行了评估，认为现在需要的工具是手术刀，于是伸出了手。回应者准确地评估了这个姿势，并对其中的距离和力度进行估计，然后像外科医生期待的那样，精准地递上手术刀。其次简单的沟通是"儿童"—"父母"的沟通。发烧的孩子想喝水，关爱的母亲拿来了水。

这两种沟通都是互补的；也就是说，回应是恰当的、符合期待的，遵循健康人类关系的自然规律。第一种是互补沟通Ⅰ型，以图2a表示。第二种是互补沟通Ⅱ型，以图2b表示。不过，很明显，沟通是连锁反应，每一个回应转而成了下一次沟通的刺激。沟通的第一条规则是，只要沟通互补，就可以顺利地持续进行；对此的推论是，只要保持互补沟通，在原则上，沟通就可以无限地进行下去。这些规则与沟通的内容和性质无关；完全取决于所涉及的向量[①]的方向。只要沟通是互补的，不论两人在一起是说别人闲话（"父母"—"父母"）、解决问题（"成人"—"成人"），还是一起玩耍（"儿童"—"儿童"或"父母"—"儿童"），都遵循这一规则。

---

[①] 向量，指具有大小和方向的量。它可以形象化地表示为带箭头的线段。——译者注

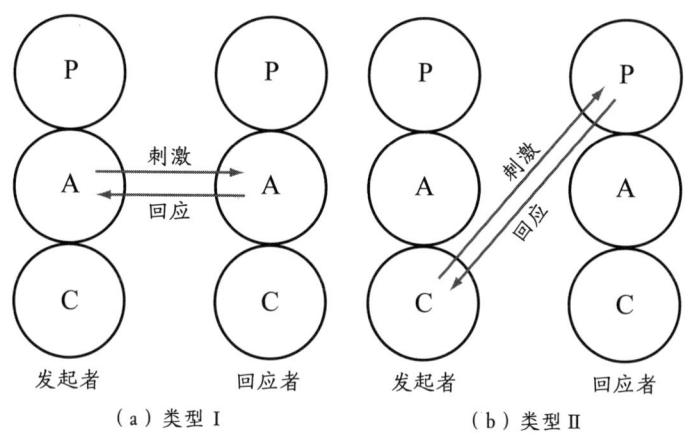

（a）类型Ⅰ　　　　　（b）类型Ⅱ

图2　互补沟通

相反的规则是，交错沟通发生时，沟通被中断。最常见的交错沟通见图3a，它是交错沟通Ⅰ型，世界上大部分社交困境都源于此，无论是在婚姻、爱情和友谊中，还是在工作中。这类沟通是心理治疗师的主要关注点，也是精神分析经典移情反应的典型代表。刺激是"成人"—"成人"，例如，"也许我们应该弄清楚为什么你最近喝酒越来越多"，或者"你知道我的袖扣在哪儿吗？"。在这两种情况下，适当的"成人"—"成人"的回应可能是"或许我们应该这么做，我当然想知道为什么"或者"袖扣在桌子上"。回应者也可能突然发怒，例如，"你总是批评我，和我爸一样"，或者"不论什么事，你总是怪我"。这两种都是"儿童"—"父母"的回应，就像沟通图显示的那样，两个向量交叉了。在这种情况下，关于喝酒或袖扣的"成人"问题被搁置，直到向量被重新排列。重新排列慢则持续数月，像饮酒的例子，快则只需几秒，像袖扣的例子。重新排列时，要么是发起者变成"父母"，与回应者突然激活的"儿童"互补；要么是回应者的"成人"被重新激活，与发起者的"成人"互补。例如，假如女佣在讨论洗碗事宜时变得叛逆，有关洗碗的"成人"—"成人"的谈话就结束了；接下来，只会跟着"儿童"—"父母"的对话，或另一个"成人"的讨论，即她的继续雇用问题。

与交错沟通Ⅰ型相反的情况用图3b表示。这是心理治疗师熟悉的反移情反应，此时患者做出客观的"成人"观察，治疗师却像父母对孩子一样做出回应，导致向量交错。这便是交错沟通Ⅱ型。在日常生活中，"你知道我的袖扣在哪儿吗？"的问题，可能引发"你为什么管不好自己的东西？你已经不再是小孩了"的回应。

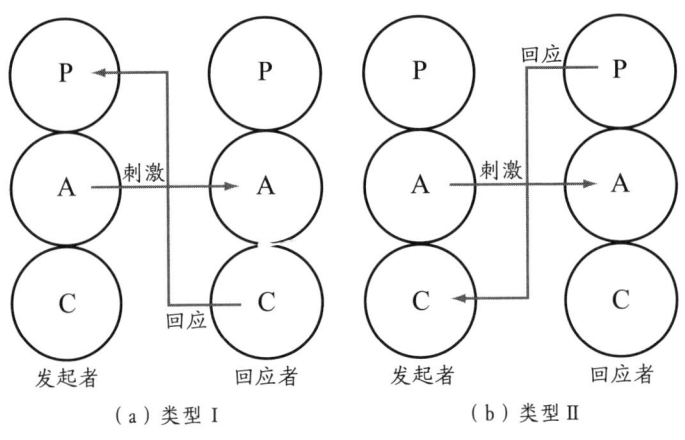

（a）类型Ⅰ　　　　　　　　　（b）类型Ⅱ

图3　交错沟通

图4是人际关系示意图，显示了发起者和回应者之间可能存在的九种社交行为向量。此图具有某种有趣的几何（拓扑）特性。"心理相同的人"之间的互补沟通，用 $(1-1)^2$、$(5-5)^2$ 和 $(9-9)^2$ 表示。另外三种互补沟通是 $(2-4)(4-2)$，$(3-7)(7-3)$ 和 $(6-8)(8-6)$。其他组合构

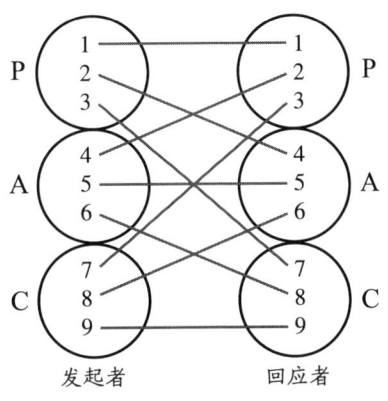

图4　人际关系示意图

成的是交错沟通，大多数情况会表现为图中的交叉，例如（3－7）（3－7）；这种沟通会导致两个人彼此怒视，互不说话。如果两人都不肯退让，沟通就会中止，他们必然会分开。这种情况最常见的解决方法是一人让步，采取（7－3）沟通，从而导致"大吵（Uproar）"游戏；或者采用更好的沟通，（5－5）[2]，这样两人就都会突然大笑或者握手。

简单的互补沟通大多出现于浅薄的工作关系和社会关系，它们很容易被简单的交错沟通干扰。实际上，浅薄的关系可以定义为局限于简单互补沟通的关系。这种关系出现于活动、仪式和消遣中。更复杂的沟通是隐蔽沟通，即两种以上自我状态同时活动的沟通，这类沟通也是游戏的基础。销售员非常擅长角沟通（angular transaction），这种沟通涉及三种自我状态。以下对话以简单但戏剧化的方式展示了销售员玩的游戏：

销售员："这个更好，但是你买不起。"
家庭主妇："我就买这个。"

图5a是对该沟通的分析。销售员运用"成人"陈述了两个客观事实："这个更好"和"你买不起"。在表面或社交层面，它们都指向家庭主妇的"成人"，

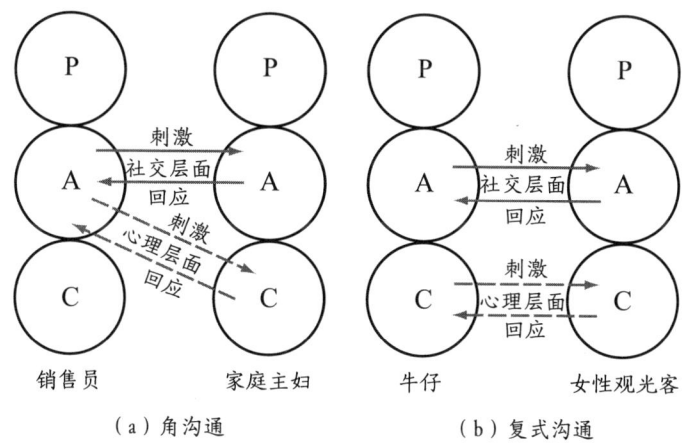

（a）角沟通　　　　　（b）复式沟通

图5　隐蔽沟通

她的"成人"本应回应："这两点你说得都对。"但是，销售员的"成人"训练有素且经验丰富，在隐蔽层面或心理层面，向量指向家庭主妇的"儿童"。家庭主妇确实用"儿童"做出了回应，证明了销售员判断的正确性。主妇的"儿童"实际在说："不管在经济上有什么后果，我就是要让那个傲慢的家伙知道我和他的其他顾客一样好。"从两个层面来说，沟通都是互补的，因为她的回应在表面上被当作"成人"同意购买的合约。

复式（duplex）隐蔽沟通涉及四个自我状态，通常见于调情游戏。

牛仔："来看看这个谷仓①。"
女性观光客："我从小到大都很喜欢谷仓。"

如图5b所示，在社交层面，这是"成人"关于谷仓的对话，但在心理层面，这是"儿童"关于性游戏的对话。表面似乎是"成人"在掌控，但如同大部分游戏，"儿童"才可决定结果，届时，参与者必定感到惊讶。

这样，沟通可以分为互补沟通或交错沟通，简单沟通或隐蔽沟通。隐蔽沟通又可以细分为角沟通和复式沟通。

---

① 美国农场上功能性存储空间，也是一种社交场所。例如，孩子们可能在那里有一些秘密的角落，可以玩捉迷藏；农场工人们在一天结束时可能会在那里聚集，商量一些事情。——译者注

# 第三章

## 程序和仪式

人间游戏——冲破社交陷阱的人际沟通分析

沟通通常按顺序进行。这些顺序并不是随机的,而是程序化的。程序有三种来源:"父母""成人"或"儿童",或用更通俗的说法,源于社会、物质或个人风格。为了适应,"儿童"需要先被"父母"或"成人"保护起来,直至每个社交情境检测结束。因此,"儿童"的程序最容易出现在私密和亲密的情境中,该情境的初步检测已经完成。

最简单的社交形式是程序(procedure)和仪式(ritual)。它们有些是普遍的,有些是地方性的,所有这些都是需要我们学习的。程序是一系列"成人"间的简单互补沟通,指向对现实的操作。现实可以从两方面定义:静态的和动态的。静态的现实(static reality)囊括宇宙万物所有可能的排列,例如,算术就是由关于静态现实的陈述构成的。动态的现实(dynamic reality)可以定义为宇宙中所有能量系统相互作用的可能性,例如,化学就是由关于动态现实的陈述构成的。程序以对物质现实的数据加工和可能性估计为基础,在专业技术中达到最高发展水平。驾驶飞机和切除阑尾都属于程序。心理治疗受治疗师的"成人"掌控时是程序,受"父母"或"儿童"掌控时不是程序。对程序的设定由物质决定,并以当事人的"成人"的估计为基础。

评估程序时,有两个变量可以使用。在当事人最大限度地运用他可获得的数据和经验时,无论他的知识存在何种缺陷,他的程序都是高效的(efficient)。如果"父母"或"儿童"干扰了"成人"的数据加工,程序就会受到污染,效率就会降低。程序的效果(effectiveness)通过实际结果判断。因此,效率是心理学指标,效果是物质性指标。在热带小岛上,一位当地的医生助理逐渐精通了摘除白内障的技术。他运用自己知识的效率很高,但因为他懂得不如来自欧洲的医生多,所以效果没有那么好。那位来自欧洲的医生开始酗酒,所以效率下降了,但一开始,手术的效果并没有下降。年复一年,他的手开始发抖,而他的助理在效率和效果两方面都超越了他。从这个例子可以看出,这两个变量最好都由与该程序相关的专家进行评估——效率由与当事人个人熟识的专家来评估,效果通过调查实际结果来评估。

依据当前的观点,仪式是外部社会力量设定的一系列固定的、简单的互补沟通。非正式仪式,如社交告别仪式,在不同地区可能存在诸多细微差异,但基本形式大同小异。正式仪式,如罗马天主教的弥撒,变化的余地就小得多。仪式的形式由祖训决定,相对近期的"父母"只在一些无关紧要的方面具有类似但不稳定的影响。很多具有特殊历史价值或人类学价值的正式仪式都包括两个阶段:(1)在严格的"父母"约束下互动的阶段;(2)"父母"许可阶段,此时"儿童"或多或少被允许真正自由地互动,最终导致狂欢。

许多正式的仪式开始时是污染严重但相当有效的程序。然而,随着岁月流逝和环境变化,它们失去了所有程序上的有效性,尚存的作用只是表达信仰。从沟通的角度,它们代表的是对传统"父母"要求的顺从,以减轻内疚或寻求赞赏。它们提供了一种安全、放心(辟邪)且通常令人愉快的结构时间的方法。

对引入游戏分析而言,更重要的是非正式仪式。其中,美国的问候仪式最具启发性。

1A:"嘿!"(你好,早上好。)

1B:"嘿!"(你好,早上好。)

2A:"你觉得天气暖和吗?"(你好吗?)

2B:"当然。不过看起来要下雨了。"(我很好,你呢?)

3A:"嗯。照顾好自己。"(不错。)

3B:"回头见。"

4A:"再见。"

4B:"再见。"

很明显，这些互动的意图并非传达信息。事实上，就算真有信息，不表达才是明智之举。A先生可能要花15分钟才能说清自己的情况，而与他仅有点头之交的B先生却不想花这么多时间倾听。这种沟通序列的特点可以概括为"8个安抚的仪式"。如果A和B赶时间，包含2个安抚的交谈就会使双方感到满足：嘿—嘿。如果他们是古代东方权贵，在开始谈正事前，可能要先进行一个包含200个安抚的仪式。用沟通分析的话说，A和B都稍微促进了彼此的健康——至少在这一刻，"他们的脊髓不会萎缩"，因此双方都心存感激。

这种仪式基于双方仔细且具有直觉性的计算。根据熟悉程度，他们[①]计算出每次见面只需给彼此4个安抚，频率不超过一天一次。假如他们很快又见面了，比如在接下来的半小时内，而且没有新内容需要沟通，他们可能会不做任何表示就从彼此身旁经过，或者以最轻微的方式点头示意，最多就是敷衍地说嘿—嘿。他们不仅会在短期内保持这种计算，还会在长达数月的时间内保持计算。现在，我们看看C先生和D先生。他们每天相遇一次，每次彼此交换1个安抚——嘿—嘿——然后各走各的路。C先生外出度假一个月，回来后那一天，他像往常一样遇到了D先生。如果此时D先生只说一声"嘿"，再无其他，C先生就会觉得不舒服，"他的脊髓会轻微地萎缩"。根据C先生的计算，D先生和自己彼此相欠大约30个安抚。他们可以把相欠的这些安抚压缩到几次沟通中，前提是这些沟通的力度足够强。从D先生的角度看，恰当的表现类似于下面这样（其中，1个"强度"或"兴趣"单位等同于1个安抚）。

1D:"嘿！"（1个单位）

---

[①] 指前面的A先生和B先生。——译者注

2D:"最近一直没看到你。"(2个单位)

3D:"哦,原来如此!你去哪儿了?"(5个单位)

4D:"哈,那真有趣。感觉怎么样?"(7个单位)

5D:"嗯,你看起来很不错。"(4个单位)"你的家人也去了吗?"(4个单位)

6D:"好啊,很高兴看到你回来。"(4个单位)

7D:"再见。"(1个单位)

这样,D先生总共给出了28个单位的安抚。他和C先生都知道,还差的几个会在第二天补上,所以现在,他们的账目已经清零了。两天后,他们又会回到2个安抚的交流中:嘿—嘿。不过,现在他们"对彼此有了更多了解",即知道彼此都很可靠,倘若他们在"社会上"相遇,这会很有帮助。

相反的情况也值得考虑。E先生和F先生也建立了"2个安抚"的仪式——嘿—嘿。一天,E先生不像过去那样说完就走,而是停下来问:"你好吗?"对话就会像下面这样展开。

1E:"嘿!"

1F:"嘿!"

2E:"你好吗?"

2F(困惑地):"很好。你呢?"

3E:"一切都很棒。你觉得天气暖和吗?"

3F:"是啊。(谨慎地)不过看着像是要下雨了。"

4E:"很高兴再见到你。"

4F:"我也是。不好意思,我得在图书馆关门前赶过去。再见。"

5E:"再见。"

F先生一边匆匆离开,一边在心里纳闷:"他是怎么了?他是在卖保险还是在干什么?"用沟通分析的语言,意思是"他只应该给我1个安抚,为什么给我5个?"。

还有一个更简单的例子,能够展示出这些简单仪式的商业化沟通的本质。G先生说"嘿",H先生没做任何回应就走过去了。G先生的反应是:"他怎么了?"意思是:"我给了他1个安抚,他却没有给我回1个。"如果H先生继续这样,并对其他熟人也是如此,就会引来周围人的一些议论。

在一些模棱两可的情况下,程序和仪式有时难以区分。外行倾向于把专业程序误认作仪式,尽管每一次沟通都建立在良好的甚至至关重要的经验的基础上,但缺乏背景知识的外行对此不能理解。相反,有些专业人士倾向于将仍旧与程序纠缠的仪式合理化,并对外行的质疑不予理睬,认为他们还没有做好理解的准备。墨守成规的专业人士抵制良好新程序的方法之一,就是把它们嘲笑为仪式。塞麦尔维斯(Semmelweis)①及其他改革者的命运就是如此。

程序和仪式的本质和共性在于它们都是固定化的模式。一旦开启第一次沟通,除非发生特殊情况,否则整个序列都是可预测的,并遵循既定路径发展,走向预先决定的结局。二者的差别在于预先决定的起源不同:程序由"成人"设定,仪式由"父母"设定。

对仪式感到不舒服或者不熟悉的人,有时会通过替换性程序加以逃避。例如,在聚会中喜欢帮女主人准备食物和酒水或喜欢帮忙上菜和拿饮品的人,可能就是这种情况。

---

① 19世纪匈牙利妇产科医师,现代妇产科消毒法倡导者之一,被誉为"母亲们的救星"。他在医院妇产科工作时,经过细微观察,发现产褥热是接生人员的手或器械受到污染从而引发了产妇的败血症所致,于是提倡使用漂白粉溶液为接生人员的手和器械消毒。但当时的人们认为"医生是绅士,绅士的手是干净的"。他提出医生在接生前要洗手时,冒犯了同行,使他无法在医学界立足,最终被同行迫害并送到精神病院。在一次试图逃跑失败后,他遭到警卫毒打,2周后因伤口感染而死亡。塞麦尔维斯的工作启发法国微生物学家巴斯德提出并论证了"细菌致病论"。过世多年后,塞麦尔维斯家乡的人才不再叫他疯子,而是称之为"让人骄傲的匈牙利之子"。2018年,在塞麦尔维斯200周年诞辰之际,匈牙利政府宣布这一天为塞麦尔维斯纪念日。——译者注

第四章

消 遣

人间游戏——冲破社交陷阱的人际沟通分析

消遣发生于社会与时间构成的矩阵中，矩阵的复杂程度不同，消遣的复杂程度也不同。不过，如果我们将一次沟通视作社会交往的单位，那么在适当的情况下，可以分解出一个可称为简单消遣的实体。简单消遣可以定义为围绕单一领域而展开的一系列半仪式简单互补沟通，其首要目的是将一段时间结构化。这段时间的开始和结束通常都以程序或仪式为信号，沟通的程序是自适应①的，以使每一方在这段时间内的收获或获益都最大化。个体的自适应能力越强，获益就越多。

消遣通常出现在派对中（"社交聚会"），或正式团体会议开始前的等待阶段；在会议"开始"前的等待阶段，其结构和动力与"派对"相同。消遣可能以"闲聊"的形式表现，也可能变得更加严肃，例如争论。一个大型鸡尾酒派对就像各种消遣的展览会。在房间一角，几个人正在开"家长会（PTA②）"；在另一角，正在开"精神病学（Psychiatry）"研讨会；在第三个角落，上演的是"曾经（Ever Been）"或"后来（What Became）"剧场；在第四个角落，人们正在讨论"通用汽车（General Motors）"；自助餐区则为喜欢谈论"厨房（Kitchen）"或"衣柜（Wardrobe）"的女士们预留了。在整个区域，

---

① 自适应是指在数据处理和分析过程中，根据数据的特征自动调整处理方法、处理顺序等，以取得最佳处理效果的过程。这里指在消遣过程中，个体会根据情况灵活处理沟通。——译者注

② parent-teacher association的缩写，在美国是由家长和教师在学校经营的组织，以促进家庭与学校的合作，小学生家长参与此类组织者最多。其功能包括结合家长力量推进各种教育行动；要求教育改革，影响教育立法；协调家长与教师的关系，化解可能存在的冲突。——译者注

# 第四章　消遣

一个聚会的进程与其他十几个聚会的进程几乎完全一致，只是这里或那里的名称有所不同而已。在另一个社会阶层，另外十几场各式各样的消遣也在进行中。

消遣可以用不同的方式进行分类。外部决定性因素属于社会学分类（性别、年龄、婚姻状况、民族、种族或经济水平）。"通用汽车"（比较汽车）和"谁赢了（Who Won）"（体育运动）都是"男性话题（Man Talk）"。"食品杂货（Grocery）""厨房"和"衣柜"都是"女性话题（Lady Talk）"——或者，在南太平洋地区，被称为"玛丽话题"。"亲热（Making Out）"是青少年的话题。当话题转向"资产负债表（Balance Sheet）"时，标志着中年的开始。依据社会学分类的方式，还可以包括各种"闲谈"："如何（How To）"（做某事），很容易填补短程飞行时间；（这个要花）"多少钱（How Much）"，是中下阶层酒吧里的人们最喜欢的话题；"曾经"（去过某个让人怀念的地方）是中产阶级的"老手们"——例如销售员——喜欢的话题；孤独的人喜欢聊"你知道（某某某）吗（Do You Know）"；经济上成功或失败的人喜欢聊（老好人乔伊）"后来"怎么样了；（宿醉之后的）"翌日早晨（Morning After）"和"马提尼酒（Martini）"①（我知道一个更好的方法）是雄心勃勃的年轻人的典型话题。

用结构-沟通的分类是更加个人化的分类方法。这样，"家长会"可以从三个水平进行。"儿童"—"儿童"水平，形式是"你怎样对付固执的父母"；"成人"—"成人"水平，即家长会本意，在知识丰富的年轻妈妈间很流行；年龄更大的人往往会采用"父母"—"父母"的教条形式讨论"少年违法犯罪（Juvenile Delinquency）"。有些已婚夫妇会玩"说出来，亲爱的（Tell Them Dear）"的游戏，此时妻子是"父母"，丈夫俨然是早熟的孩子。类似地，"瞧，妈妈，没用手哦（Look Ma No Hands）"是"儿童"—"父母"的消遣②，它适合任何年龄的人，有时会羞涩地变为"哪有这回事（Aw Shucks Fellows）"。

---

① 在写作本书的20世纪60年代，马提尼酒正大为流行，成了鸡尾酒的象征和夜生活的暗语。——译者注

② "儿童"对"父母"的炫耀。——译者注

对消遣更具说服力的分类方式是心理学分类,例如,"家长会"和"精神病学"均可以用向外投射①和向内投射②的方式消遣。对向外投射型"家长会"的分析见图6a,它建立在下述"父母"—"父母"的沟通模式上。

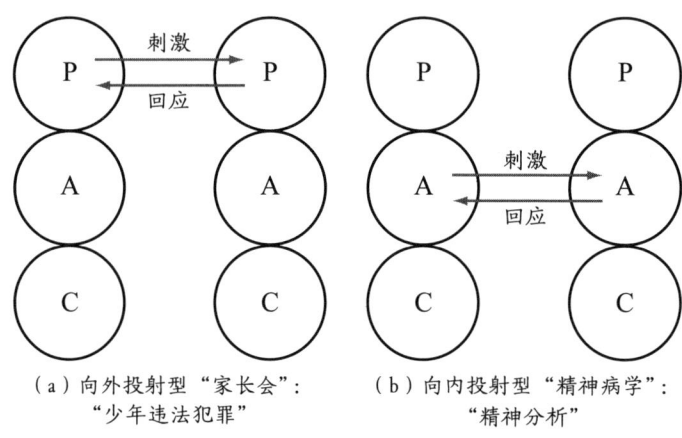

（a）向外投射型"家长会"：
"少年违法犯罪"

（b）向内投射型"精神病学"：
"精神分析"

图6 消遣

A："如果没有家庭的破裂,所有犯罪都不会发生。"
B："不仅如此。就算在完好的家庭,当今的大人也没像过去那样教孩子规矩。"

向内投射型"家长会"的对话如下所示（"成人"—"成人"）。

C："我好像就是没有做妈妈需要的东西。"
D："不论你多努力,孩子从来没像你希望的那样长大,所以你不得不总是想自己做得对不对,以及曾经犯了什么错。"

---

① 向外投射通常就称作投射,指自我把不能接受的或不好的欲望、冲动和意念归咎于别人。——译者注
② 向内投射是将指向外界的敌视、攻击或伤害等冲动和情感转而指向自己。——译者注

## 第四章 消遣

向外投射型"精神病学"是"成人"—"成人"的形式：

E："我认为是口唇期无意识受到的某些挫折导致了他那样的表现。"
F："你好像很好地升华了自己的攻击性。"

图 6b 呈现的是向内投射型"精神病学"，是另一种"成人"—"成人"的消遣。

G："那幅画象征着对我的诋毁。"
H："对我来说，画画是试图讨好我的父亲。"

消遣除了可以结构化时间，为参与消遣的每一方提供共同可接受的安抚外，还具有社交筛选的功能。在消遣过程中，每一方的"儿童"都在仔细评估他人。派对结束时，每个人都已经做出选择——他愿意和哪些人进一步交往，其他人则不予考虑，无论他们在消遣中表现得多么富有技巧或令人愉快。这种选择与消遣参与者的沟通能力或愉悦度无关。他们选择的对象是最有可能与其建立更复杂关系的人，即与他玩心理游戏的人。尽管他们的筛选系统看起来很合理，但其实主要是无意识和直觉性的。

在特殊情况下，"成人"在筛选过程中会压倒"儿童"。最典型的例子是保险销售员，他们用心学习社交方面的消遣。消遣时，他的"成人"会倾听成功的可能性，并从所有人中筛选出他愿意进一步交往的对象。他们是否能熟练地与之玩游戏，或者是否与之意气相投，均与筛选过程无关。在大多数情况下，他们的筛选基于次要因素——在本例中是资金准备状况。

消遣还有一个相当特殊的方面，即排他性。例如，聊"男性话题"和"女性话题"的人不能混在一起。沉浸在"曾经"（去过哪里）的人会对插进来谈（牛油果）"多少钱"或"翌日早晨"的人感到厌烦。向外投射型"家长会"的人会讨厌向内投射型"家长会"的人的干扰，不过反过来时，厌恶不会那么强烈。

消遣构建了挑选与谁结识的平台，并可能带来友谊。一群女性每天早上都到彼此家中边喝咖啡边聊"失职的丈夫（Delinquent Husband）"。如果新搬来一个邻居，想聊的是"半熟的荷包蛋（Sunny Side Up）"，她们就会对她很冷淡。如果她们谈论的都是自己的丈夫有多差劲，新来的人谈的却是自己的丈夫有多棒，甚至完美，会让老邻居们感到不安，并不想和这个新人继续交往。因此，如果有人想从鸡尾酒会的一个角落移到另一个角落，他要么必须加入新角落里正在进行的消遣，要么将这里的整体进程扭转到新频道。当然，好的主持人会立刻掌控局面，并报出节目："我们正在玩向外投射型'家长会'。你怎么想？"或者，"女孩们，现在过来，你们在'衣柜'的问题上已经聊得够久了，J先生是一位作家／政治家／外科医生，我敢肯定他想玩'瞧，妈妈，没用手哦'。是吗，J先生？"

消遣的另一项重要获益是确认角色和稳固心理地位。角色（role）有点像荣格提出的人格面具（persona），不过，它更少与外在机会相关，而是更多地扎根于个体的幻想。因此，在向外投射型"家长会"中，一个人可以扮演强硬的"父母"，第二个人可以扮演理直气壮的"父母"，第三个人可以扮演纵容的"父母"，第四个人可以扮演乐于提供帮助的"父母"。这四人都是在体验和展示父母自我状态，但每个人展示的方式不同。每个人的角色如果获胜，就会得到确认。获胜的意思是，该角色没有遭到反对，或者由于反对而被强化，或者由于获得某些人的安抚而被认可。

对角色的确认会稳固心理地位（position），这是消遣的*存在性*（existential）获益。心理地位是简单的预测性陈述，影响个体与他人的所有互动；长远来说，它会决定一个人的命运，甚至可以决定他的后代的命运。心理地位差不多都是绝对化的。向外投射型"家长会"中典型的心理地位是："所有孩子都坏！""其他所有孩子都坏！""所有孩子都很悲伤！"和"所有孩子都受到了迫害！"。这些心理地位会分别引发不同的"父母"角色：强硬的、理直气壮的、纵容的或乐于提供帮助的。事实上，心理地位主要表现为由它引发

## 第四章　消遣

的心理态度,人们正是带着这种态度与他人互动的,这些互动又构成了他的角色。

心理地位形成和固化的时间出奇的早,在2—7岁,甚至在生命第一年——不管是哪种情况,都远早于个体有足够的能力或经验做出如此严肃的决定的时间。通过一个人的心理地位,我们不难推测他拥有怎样的童年。除非有某事或某人干涉,否则他会把余生都花在稳固自己的心理地位以及应对威胁心理地位的情境上——通过回避、阻挡某些元素或者通过挑衅式操纵,使它们从威胁转化为支持。消遣很刻板的原因之一在于它们服务于刻板的目的。消遣的获益说明了人们为什么如此热衷于它们,以及与拥有建设性或善良的心理地位的人一起消遣,为何会如此愉悦。

将消遣与活动区分开,并不总是很容易的,二者常常混合出现。很多常见的消遣,例如"通用汽车",是由被心理学家称为"多项选择—句子填空"的交流方式构成的。

A:"比起福特/雪佛兰/普利茅斯,我更喜欢福特/雪佛兰/普利茅斯,因为……"

B:"哦,好吧。比起福特/雪佛兰/普利茅斯,我更想拥有一辆福特/雪佛兰/普利茅斯,因为……"

很明显,这种刻板的消遣中还是传递了一些有用的信息。

还有一些常见的消遣需要提一下。"我也是(Me Too)"通常是"这难道不糟糕(Ain't It Awful)"的变体。"他们为什么不(Why Don't They)(对此做点什么)"是那些不愿摆脱束缚的家庭主妇的最爱。"然后,我们会(Then We'll)"是"儿童"—"儿童"的消遣。"让我们找(Let's Find)(一些事情做)"是违法犯罪少年或爱搞恶作剧的成人的消遣。

# 第五章

## 游 戏

## 一、定义

游戏是连续进行的一系列互补式隐蔽沟通，定义明确、可预测的结果。用沟通分析的语言说，它是反复出现的一套沟通，通常具有重复性，表面看似合理，但带有隐蔽的动机；用更通俗的语言说，它是带有陷阱或"骗局"的一系列行动。游戏与程序、仪式及消遣明显不同，体现在它的两个主要特点上：(1) 隐蔽的特质；(2) 结局①。程序可能是成功的，仪式可能是有效的，消遣可能是有利可图的，但它们明显都是坦率的；它们可能包含竞争，但不是冲突；结尾也许耸人听闻，但不戏剧化。相反，每个游戏基本都是不诚实的，结果总是包含戏剧化的特性，而不仅仅是令人兴奋的。

还有一种社交行为目前尚未讨论，我们需要将游戏与它进行区分。操作（operation）是为了具体、明确的目的而进行的一次或一组简单沟通。如果某人坦诚地请求安慰并如愿以偿，这就是操作。如果某人请求安慰，获得后却以某种方式使给予安慰者处于下风，这就是游戏。从表面上看，游戏貌似一组操作，但达到结局后，明显可以看出这些"操作"实际是各种策略（maneuvers）；它们并非真诚的请求，而是游戏中的行动。

例如，在"保险游戏"中，如果代理人是一个厉害的玩家，他谈话时不管看似在做什么，实际都是在寻求或设法成功。如果他是一个称职的保险推销员，他追求的就是"大赚一笔"。同样的道理也适用于"房地产游戏""睡

---

① 结局的英文payoff有故事和事件的结尾、高潮之意。——译者注

第五章 游戏

衣游戏"及其他类似职业。因此，在社交聚会中，销售员参加消遣，尤其是"资产负债表"的各种变体时，他愉快地参与背后可能隐藏了一系列娴熟的策略，目的是获得他所在行业感兴趣的信息。许多行业杂志都致力于改善商业策略，它们对杰出的玩家和游戏进行了描述（有趣的经营者，以非同寻常的方式做了大生意）。用沟通分析的话说，它们只不过是《体育画报》（*Sports Illustrated*）、《象棋世界》（*Chess World*）以及其他体育杂志的翻版而已。

就角沟通而言——在"成人"的掌控下，为了获得最大利益，利用职业的精准性而有意设计的游戏——它是20世纪早期盛行的大型"欺骗游戏"，其详细的实际规划和对心理学的高超运用，至今难以超越。[1]

不过，我们在这里关心的是不知情的人们在无意识的情况下玩的游戏。他们参与了双重沟通，却没有充分觉察。这是全世界社交生活中最重要的方面。游戏具有动态的特点，所以很容易和静态的态度加以区分，而态度源于某一心理地位。

"游戏"一词的使用切勿产生误导。我在引言中已经指出，游戏不一定意味着乐趣甚或愉快。很多销售员并不认为他们的工作有乐趣，阿瑟·米勒（Arthur Miller）在他的戏剧《推销员之死》（*Death of a Salesman*）①中已经表达得很清楚了。游戏不乏严肃性。如今，足球游戏已被非常认真地对待，但诸如"酒鬼（Alcoholic）"或"三度挑逗（Third-Degree Rapo）"等沟通游戏，应该被更加认真地对待。

"玩"这个词也是同理。任何"玩"过激烈的扑克游戏或长时间"玩"股票的人都可以证明。"游戏"和"玩"潜在的严肃性及其结果的严重性为人类学家所熟知。曾经出现过的最复杂的游戏，是司汤达在小说《帕尔马修道

---

① 美国剧作家阿瑟·米勒创作的戏剧。该剧描写的主人公有30余年的推销经历，一直被美国商业文化虚幻的光晕笼罩，盲目估计自己的能力，幻想通过商品推销得到名望和美好前途，以致常处于吹嘘、夸耀、谎言联翩的状态，直到临死都以为一定能功成名就，而对自身毁灭的原因浑然不知。——译者注

院》(The Charterhouse of Parma)①中描绘得淋漓尽致的"廷臣(Courtier)"②，它具有致命的严重性。在所有游戏中，最残酷的当然是"战争"。

## 二、典型游戏一则

夫妻间最常玩的游戏俗称"要不是因为你(If It Weren't For You，简称IWFY)"，让我们用它来说明游戏的一般特点。

怀特③夫人抱怨，她的丈夫严格限制她的社交活动，所以她一直无法学会跳舞。由于心理治疗，她的态度有所改变，丈夫也因此不再那么自以为是，对她也更为宽容。之后，怀特夫人可以自由扩大活动范围。她报名参加了舞蹈班，然后绝望地发现自己对舞池有病态的恐惧，因此不得不放弃该计划。

这次遗憾的经历，连同其他类似的经历，暴露出她的婚姻关系中的一些重要方面。她从很多求婚者中挑选了一个专横的男人作为丈夫。之后，她就可以抱怨"要不是因为你"，她就能做各种各样的事了。她的很多女性朋友也选择了专横的丈夫。早上，她们聚在一起喝咖啡时，就可以花大量时间玩"要不是因为他(If It Weren't For Him)"了。

然而，与她的抱怨恰好相反，她的丈夫真正在做的是通过禁止她做令她深感恐惧的事而为她提供服务，事实上，甚至是防止她意识到自己的恐惧。这正是她的"儿童"精明地挑选了这样一位丈夫的原因。

不过事情远不止于此。他的限制和她的抱怨经常导致争吵，他们的性生活也因此严重受损。出于内疚，他经常给她买礼物——如果没有这些不愉

---

① 法国作家司汤达于19世纪创作的长篇小说。——译者注
② 经常在国王或王后的宫廷中度过大量时间的贵族男性或女性。——译者注
③ 游戏的主角为怀特[White（白色）]；后面还会出现配角，分别为布莱克[Black（黑色）]、布鲁[Blue（蓝色）]、瑞德[Red（红色）]、布朗[Brown（棕色）]、格林[Green（绿色）]。——译者注

快，他不会这样做；毫无疑问，当他给她更多自由时，礼物的贵重程度和送礼物的频率也随之下降了。除了家务和孩子，她与丈夫几乎没有共同语言，因此，他们的争吵就显得格外重要；这些时候，在大多数情况下，他们连最随意的谈话也无法进行。不管怎样，她的婚姻生活证明了她始终坚信的一点：所有男人都刻薄专横。后来发现，这种态度与她被性虐待的幻想有关，早年她对此深感困扰。

我们可以用很多方法来概括描述该游戏。显然，它属于社会动力学（social dynamic）这个大范畴。基本事实是，通过婚姻，怀特先生和怀特夫人拥有了彼此交流的机会，这种机会被称为社交接触（social contact）。事实上，他们利用了这个机会，将家庭变成了社会性集群。与纽约地铁相对照——人们在地铁中只建立了空间上的接触，而很少利用这个机会，因此形成的是非社会性集群（dis-social aggregation）。怀特夫妇会影响彼此的行为和反应，构成了社交行为（social action）。不同学科从不同角度研究该社交行为。我们在这里关注的是个体的个人历史和心理动力，因此，我们的方法属于社会精神病学（social psychiatry）的范畴；我们对所研究的游戏的"健康性"也有隐含或明确的判断。这与社会学和社会心理学更加中立、更不确定的态度有所不同。精神病学保留了说"等一下！"的权利，其他学科则没有这样的权利。沟通分析是社会精神病学的一个分支，游戏分析又是沟通分析的一项具体内容。

实务性游戏分析处理特定情境下的特殊案例。理论性游戏分析试图抽取并概括不同游戏的共同特征，如此一来，不论使用的语言和文化背景如何，我们都可以对其进行识别。例如，对"要不是因为你"（婚姻型）这个游戏进行理论分析时，依据对其特征的陈述，不论在新几内亚的丛林村庄，还是在曼哈顿的高级公寓；不论有关婚礼派对，还是有关给孙子买钓鱼竿遇到的经济问题；不论行动是直接的，还是隐晦的，我们应该都可以根据丈夫和妻子间的坦诚程度，同样轻松地将其识别出来。游戏在某社会的发生率是社会学或人类学关心的问题。作为社会精神病学的一部分，游戏分析只对描述发生的游戏感兴趣，而不考虑其发生的频率。这种区分并不完全，但与公共卫生和内科医学的区分类似；前者感兴趣的是疟疾的发病率，后者研究的是罹患疟疾的病例，无论在丛林还是在曼哈顿都是如此。

下文是目前已经发现的、最有效的理论性游戏分析的方案。毫无疑问，随着知识进一步积累，该方案也会获得改进。首先，必须识别符合游戏判断标准的特定行动序列。接下来，尽可能多地搜集游戏的实例。之后，提取这些实例的显著特征。这样，某些方面就会浮现，成为本质特征。之后，游戏被分类并被命名，命名的目的是在现有知识下，使其尽可能具有意义性和启发性。游戏从当事人的视角进行分析——在本例中，是怀特夫人。

**正题**[①]。 对游戏的总体描述，包括相继发生的一系列事件（社交层面）以及与这些事件的心理背景、演进和意义有关的信息（心理层面）。前面（见第40-41页）已经提供了"要不是因为你"（婚姻型）的详细信息。简便起见，下面将该游戏简称为IWFY。

**反题**。 某一事件序列是否构成游戏，在没有得到确切证实前，只是暂时性假设。通过拒绝玩游戏或切断结局，可以对其是否构成游戏加以验证。如果当事人是在玩游戏，被拒绝或被切断后，他会加大力度继续游戏。在他人坚决不玩游戏或成功切断结局时，当事人将陷入被称为"绝望（despair）"的状态中。该状态在某些方面与抑郁（depression）相似，但二者有着重要差异。绝望的发生更为急性，且包含受挫和困惑的元素，例如，绝望可以表现为不知所措地哭泣。得到成功的治疗时，它可以很快被笑声取代，意味着"成人"的领悟："我又犯老毛病了！(There I Go Again)"绝望是"成人"的担忧，抑郁则是"儿童"在行使掌控权。希望、热情或对自己周围的环境兴趣盎然，是抑郁的反面；笑声是绝望的反面。因此，治疗性游戏分析具有令人愉快的

---

[①] 正题和后面的反题是哲学术语，正题指对某一范畴的肯定；反题指对某一范畴的否定。这里的正题是对游戏的描述，反题是如何拒绝玩游戏。——译者注

## 第五章 游戏

特性。IWFY 的反题是放任。只要丈夫禁止，游戏就会继续。如果丈夫将"你敢！"替换为"去吧！"，妻子潜藏的恐惧就会暴露，在怀特夫人的例子中，她将无法继续攻击丈夫。

要清晰地理解一个游戏，我们应该知道其反题，其有效性也应在实践中得以展现。

**目的。** 这部分陈述的是某个游戏的一般目的。有时，游戏也存在多个目的。IWFY 的目的可能是让人安心（"不是我害怕，是他不让我去"），也可能是辩解（"不是我不努力，是他阻拦我"）。让人安心这一功能比较容易理解，也更符合妻子的安全需要。因此，在大多数情况下，我们可以认为 IWFY 具有让人安心的目的。

**角色。** 如前所述，自我状态并非角色，而是现象。因此，在正式的描述中，自我状态和角色必须加以区分。根据角色数量，游戏可以分为双人游戏、三人游戏或多人游戏等。有时，每位玩家的自我状态与其角色一致，有时不然。

IWFY 是双人游戏，需要有一位受到限制的妻子和一位专横的丈夫。妻子可以扮演谨慎的"成人"（"按照他说的做是我的最佳选择"）或任性的"儿童"。专横的丈夫可能维持"成人"的角色（"按照我说的做是你的最佳选择"），也可能滑入"父母"的角色（"你最好按我说的做"）。

**心理动力。** 每个游戏背后都有各种不同的心理动力。本书通常挑选了一个心理动力学概念，有效、适当且有意义地概括该游戏情境。关于 IWFY 的心理动力，最佳描述是它源于恐惧。

**例证。** 研究游戏在儿童期的起源或在婴儿期的原型颇具启发意义，因此，在正式地描述一个游戏前，搜集相似的事件很有价值。恰巧，小孩和成年人一样爱玩IWFY，因此它的童年版本与成人版本相同，区别只是父母代替了喜欢限制的丈夫。

**沟通模式。** 对典型情境的沟通分析如下所示，既包括社交层面，也包括揭示隐蔽沟通的心理层面。在社交层面，IWFY最戏剧化的形式是"父母"—"儿童"的游戏。

怀特先生："你待在家里，照顾家。"
怀特夫人："要不是因为你，我可以出去玩得很开心。"

心理层面（隐藏的婚姻合约）却相当不同，关系是"儿童"—"儿童"。

怀特先生："我到家时你必须总在家。我非常害怕被遗弃。"
怀特夫人："你帮我躲开那些恐怖的情境，我就会在家。"

这两个层面如图7所示。

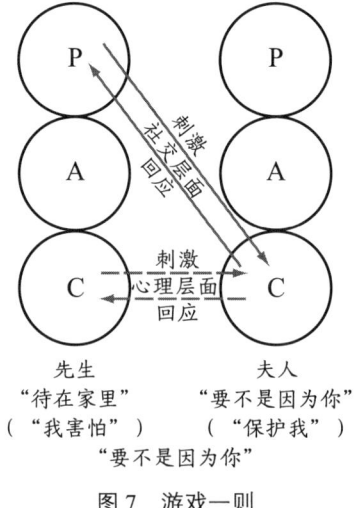

图7 游戏一则

## 第五章 游戏

**行动。** 游戏中的行动与仪式中的安抚大致相当。在任何游戏中，玩家都会随着实践的增加变得越来越熟练。多余的行动会被消除，每一个行动中会浓缩越来越多的目的。"美丽的友谊"通常基于如下事实，玩家带着极大的经济性和满足性进行互补沟通，从而使彼此用最小的努力获得最大的收益。为了使这份关系保持优雅，一些过渡性的、防范性的或让步性的行动均可以省略。从防御性策略中省下的精力可以投入提升游戏的观赏性中，从而使双方都感到愉悦，有时也可以使旁观者感到愉悦。我的学生观察到，为了推进游戏的发展，至少要包含一定数量的行动，这些行动构成了游戏的草案。每个玩家都会根据自身的需要、才能或愿望，对这些基本步骤进行润色或扩充。IWFY 的框架如下所示。

1. 命令—顺从（"你待在家里"—"好的"）。
2. 命令—抗议（"你还待在家里"—"要不是因为你"）。

**获益。** 游戏的一般性获益在于它的稳定功能（稳态平衡）。安抚促进了生理性的稳态平衡，对心理地位的确认强化了心理的稳定性。如前所述，安抚具有多种形式，因此，游戏的**生理性获益**（biological advantage）可以用触觉术语描述。在 IWFY 中，丈夫的角色好比对着妻子反手扇了一巴掌（事实上与正手扇一巴掌非常不同，正手扇一巴掌是直接的羞辱），妻子的回应则类似于任性地踢了丈夫的小腿。因此，IWFY 的生理性获益来自好战—易怒性交流：对维持神经组织的健康来说，是令人痛苦却明显有效的方法。

妻子的心理地位——"所有男人都是暴君"——得到确认是**存在性获益**（existential advantages）。这种心理地位是需要屈服时的反应，是恐怖症的内在特征。心理地位是所有游戏的基础，表现为连贯一致的结构。扩展后的描述可能是："如果我独自到人群中，可能会被屈服的诱惑征服；但我在家不会屈服——他强迫我，这证明所有男人都是暴君。"因此，拥有非现实感的女性通常会玩这个游戏，这意味着她们在强烈的诱惑下，很难维持"成人"

的掌控。对这一机制的详细说明属于精神分析，而非游戏分析。游戏分析主要关注最终结果。

**游戏的内在心理获益**（internal psychological advantage）是指它对心理经济①（力比多）的直接影响。在 IWFY 中，以社会可接受的方式屈从于丈夫的权威可以使妻子避免体验神经质的恐惧。同时，也满足了妻子的受虐需要（如果她有这些需要）。这里的受虐并不是自我克制的意思，而是指在剥削、羞辱或痛苦的情境下产生性兴奋的经典含义。也就是说，被剥削和被支配使她感到兴奋。

**外在心理获益**（external psychological advantage）是通过玩游戏回避了恐惧的情境。这在 IWFY 中尤其明显，也是其突出的动机：通过顺从丈夫的约束，妻子回避了她恐惧的公众情境。

**内在社交获益**（internal social advantage）通常以个体在亲密关系中所玩游戏的名称命名。通过顺从，妻子获得了说"要不是因为你"的特权。这有助于她对必须与丈夫共处的时间进行结构化；在怀特夫人的例子中，因为与丈夫缺乏其他共同兴趣，在子女出生前和子女成年后，结构化时间的需要更加明显。在从孩子出生到成年的这段时期，他们不会很激烈、很频繁地玩游戏，因为孩子具有将父母的时间结构化的功能，而且提供了 IWFY 更广为接受的版本——"忙碌的家庭主妇"。美国年轻的妈妈们通常真的非常忙碌，但这个事实也无法改变对此游戏的分析。游戏分析只是试图不带偏见地回答下述问题：假定一位年轻女性非常忙碌，她将如何利用忙碌获得对忙碌的补偿？

**外在社交获益**（external social advantage）是指在外部社交接触中，对该情况的使用。在"要不是因为你"这个游戏中，妻子对丈夫说了这样的话，第二天一早，她与朋友见面喝咖啡时，又可以将其变为"要不是因为他"的

---

① 心理经济的英文是 psychic economy。习惯性行为不需要经过判断再做动作，能有效且经济地使用精神能量，减少大脑的能量消耗，这在精神医学上被称为"心理经济"。弗洛伊德认为潜意识是心理经济模式。——译者注

消遣。这再次显示出游戏具有选择社交伙伴的作用。新来的邻居受邀来和大家一起喝早茶，其实是受邀玩"要不是因为他"。如果她也玩，那很好，在其他条件都相同的情况下，她很快就会成为前辈们的知心朋友。如果她拒绝玩，并对丈夫抱着仁慈的态度，会很难在这里长久地待下去。这就好像在鸡尾酒会上一直拒绝喝酒——在大多数圈子里，她的名字会逐渐从各种客人名单中消失。

以上便是对 IWFY 的形式特征的完整分析。若想进一步理解其过程，可以参看对"你为什么不……是的，但是……（Why Don't You–Yes But，简称 YDYB）"这个游戏的分析。它是在全世界各种社交聚会、委员会会议和心理治疗团体中最常玩的游戏。

## 三、游戏的起源

从目前的观点来看，抚养儿童可以被视作教育过程。在这个过程中，儿童学会了玩什么游戏，以及怎样玩游戏。他也学会了在自己所在地区、与自己的社会地位相适应的程序、仪式和消遣，不过，这些并没有那么重要。在其他条件相同的情况下，他在程序、仪式和消遣方面的知识与技能决定了他可以得到哪些机会；而他玩的游戏会决定他将如何利用这些机会，以及他利用这些机会的结果。作为脚本（script）[①]或无意识的人生计划中的元素，他最喜欢玩的游戏也决定了他最终的命运（同样是在其他条件相同的情况下）——他的婚姻和职业生涯的结局，以及死亡时的环境。

尽责的父母在生活中花费了大量精力教导孩子与其身份相匹配的程序、仪式和消遣，并且同样精心地为孩子挑选了小学、中学、大学或教会来强化这些学习，但是他们往往忽略了游戏的问题。游戏构成了每个家庭情绪动力的基础结构，孩子从出生几个月开始，就从重要的日常生活经验中加以

---

[①] 欲对脚本有更多的了解，请参阅伯恩的另一本著作《人生脚本——改写命运、走向治愈的人际沟通分析》，该书中文版由中国轻工业出版社出版。——译者注

学习。千百年来，人们一直用相当笼统、非系统化的方式讨论相关问题，现代行为精神病学（orthopsychiatric）文献曾更系统地尝试讨论该问题；但如果没有游戏这个概念，持续进行研究的希望渺茫。个体内部的心理动力学理论至今还无法完满地解决人类关系的问题。人类关系属于沟通议题，需要社会动力学理论，该理论无法仅从考量个体动机中获得。

在儿童心理学和儿童精神病学领域，在训练有素的专业人士中，很少有人也接受了游戏分析训练，所以关于游戏起源的观察还很少。幸运的是，下面这个场景正好在一位受过良好教育的沟通分析师面前发生。

7岁的坦吉晚餐时胃痛，于是请求离席。他的父母建议他躺一会儿。他3岁的弟弟迈克接着说："我也胃痛。"很明显，迈克也想通过这个方法获得同样的关心。父亲看了他几秒，然后回答："你并不想玩这个游戏，对吧？"随后，迈克突然笑起来，并说："不想！"

假如这个家庭特别关注食物和肠胃，担忧的父母可能也会让迈克匆匆上床。如果迈克和父母已经多次重复过这种表演了，那么可以预测，这个游戏会成为迈克性格中的一部分。只要父母配合，这种情况就会常常发生。无论在何时，只要他嫉妒某个拥有特权的竞争者，就会以生病为借口，为自己谋取一些特权。这时，隐蔽的沟通包括：（社交层面）"我感觉不舒服"+（心理层面）"你必须也给我特权"。不过，迈克被挽救了，免于陷入疑病症的人生。他最终的命运也许更糟，但这并不是我们在这里关注的重点。重点在于，通过父亲的提问和孩子坦诚地承认（他提出的请求是一个游戏），一个即将发生的游戏当场被终止了。

这个例子已经足够清晰地表明，年幼的儿童会刻意地发起游戏。当这些游戏形成固定的刺激—回应模式后，它们的起源便淹没在时间的迷雾中，它们的隐藏属性也将被社交迷雾所掩盖。只有通过适宜的程序，二者才能被重新觉察——其起源可以通过某种分析性治疗觉察，其隐藏属性可以通过反题觉察。在这些方面，大量临床经验显示，游戏在本质上是模仿性的，它们最初由孩子人格中的"成人"（新心灵）创建。如果成年玩家的"儿童"可

## 第五章　游戏

以被重新激活,他这部分(儿童自我状态中的"成人")的心理天赋将非常惊人,其操纵他人的能力可以达到令人艳羡的程度,以至我们将这个部分通俗地称为"教授"(精神病学领域)。因此,在聚焦于游戏分析的心理治疗团体中,更为复杂的程序之一便是探索每位患者的小"教授",他早年的经历就是在2—8岁创建各种游戏。除非游戏是悲剧性的,否则在场的每个人都会着迷地、通常还是愉快甚至欢闹地倾听每位患者的小"教授"在2—8岁创建各种游戏时的奇遇,患者本人也会带着适当的自我欣赏和得意加入其中。能够这样做时,他就顺利地走上了放弃可能是不幸行为模式的路。抛弃这些模式,他会过得更好。

以上便是我们在正式描述游戏前,总是试图描述它在婴儿期或儿童期的原型的原因。

## 四、游戏的功能

由于在日常生活中几乎没有获得亲密的机会,也由于大多数人无法在心理上实现某种形式的亲密(尤其是强烈的亲密),因此,在严肃的社交生活中,大部分时间被玩游戏占据了。这样,游戏既必要又值得,唯一存在争议的问题是某人玩的游戏是否能为他带来最佳收益。这在一方面,我们应该记得,游戏的本质特性是它的高潮或结局。初步行动的主要功能是为结局设置情境,然而,就其次级功能而言,这些行动总是以每个行动步骤获得最大限度的满足为目的。因此,在"笨手笨脚的人(Schlemiel)"这个游戏(制造混乱,然后道歉)中,结局和游戏的目的是获得原谅,原谅由道歉所迫;溅洒和烟头烧到他人这样的过失行为只是导向结局的步骤,不过,每个过失行为本身也有其乐趣。通过溅洒获得的愉悦不会使溅洒成为游戏。道歉才是导向结局的关键刺激。否则,溅洒只是具有破坏性的程序,即可能带来愉悦的过失行为。

"酒鬼"游戏与之类似:不论饮酒需要的生理性根源是什么(如果有的

话),就游戏分析而言,饮酒只不过是与周围环境中的人们一同进行的游戏中的一个行动步骤。饮酒本身可以带来快乐,但它并不是游戏的本质,其本质可在"不喝酒的酒鬼(Dry Alcoholic)"这一游戏变体中显现出来。该游戏与常规版本的游戏一样,包含相同的行动步骤,导向相同的结局,但不需要酒就能玩(见第64页)。

游戏除了在时间结构方面具有令人满意的社交功能外,对某些个体而言,有些游戏是维持他们的健康所迫切需要的。这些个体的心理非常不稳定,他们的心理地位也非常不确定,以致如果不让他们玩游戏,他们就会陷入不可逆转的绝望,甚至会发疯。这种人会拼死抵抗反题中的任何行为。这种情况常可以从婚姻情境中观察到,一方伴侣的精神状况得到改善(放弃了破坏性游戏)会导致另一方的急速恶化。对他而言,游戏在维持平衡中具有至关重要的作用。因此,游戏分析必须谨慎而行。

幸运的是,放弃游戏可以获得"亲密"的奖赏,这是或者这应该是人类生活最完美的形式。亲密如此美好,如果能找到合适的伴侣,建立更好的关系,即使是具有不稳定人格的个体,也能够安全且愉快地放弃他们的游戏。

从更广阔的视角来看,游戏是每个人无意识的人生计划,或脚本中必要且具有推动作用的元素;游戏有助于填补脚本的最终结局到来前的等待时间,同时推动脚本剧情的发展。惯常来说,脚本的最后一幕要么需要一个奇迹,要么需要一场灾难,这取决于脚本是建设性的还是破坏性的。因此,相应的游戏要么是建设性的,要么是破坏性的。通俗地说,某人的脚本如果朝"等待圣诞老人"的方向发展,他很可能在诸如"哇,你太棒了,穆加特罗伊德先生!(Gee You're Wonderful Mr Murgatroyd,简称GYWM)"的游戏中与他人愉快相处。相反,如果某人的脚本是悲剧性的,朝"等待死后尸僵"的方向发展,那么就可能玩诸如"现在我可逮着你了,你这混蛋(Now I've Got You,You Son Of A Bitch)"这种令人不愉快的游戏。

应该注意的是,前面那些口语化表达的句子是游戏分析必要的一部分,在沟通分析团体治疗和研讨会中被大量使用。"等待死后尸僵"这一表达源于一位患者的一个梦。在梦中,她决定在"死后尸僵前"做某些事情。高级团体中的一位患者指出了治疗师忽略的部分:实际上,等待圣诞老人和等待死亡是等同的。在游戏分析中,口语化的表达具有至关重要的意义,稍后会详细讨论。

## 五、游戏的分类

很多因素都可以用于分析游戏和消遣,其中大部分已在前文提过。其中任何一个因素都可以用于对游戏和消遣进行系统的分类。一些更明显的分类基于以下因素。

1. 玩家数量:双人游戏["性冷淡的女人(Frigid Woman)"]、三人游戏["你和他斗吧(Let's You and Him Fight)"]、五人游戏("酒鬼")和多人游戏("你为什么不……是的,但是……")。

2. 使用的媒介:语言("精神病学")、金钱["欠债者(Debtor)"]和身体部位["多次手术症(Polysurgcry)①"]。

3. 临床类型:歇斯底里型["挑逗(Rapo)"]、强迫型("笨手笨脚的人")、偏执型("为什么这一定要发生在我身上")和抑郁型("我又犯老毛病了")。

4. 区域:口腔("酒鬼")、肛门("笨手笨脚的人")和生殖器("你和他斗吧")。

5. 心理动力:对抗恐惧("要不是因为你")、向外投射("家长会")和向内投射("精神病学")。

6. 本能:受虐("要不是因为你")、施虐("笨手笨脚的人")和恋物("性冷淡的男人")。

---

① 指不现实地过度手术,详见聚会游戏部分的"这难道不糟糕"。——译者注

除了玩家数量，还有三个可量化的因素值得考虑。

1. 灵活性。有些游戏，如"欠债者"和"多次手术症"，只适合使用一种媒介，而其他游戏，诸如裸露癖游戏，则更具灵活性。
2. 顽固性。有些人很容易放弃他们的游戏，有些人则很顽固。
3. 激烈度。有些人以放松的方式玩游戏，有些人则更紧张、更具攻击性。因此，人们玩的游戏可以分为轻松的游戏和激烈的游戏。

这三个变量共同造就了温和的游戏或暴力的游戏。在精神障碍患者身上，我们常看到这方面的演进，即游戏的不同发展阶段。例如，偏执型精神分裂症患者一开始玩的是灵活、松散、轻松的游戏，即第一阶段的"这难道不糟糕"，然后逐渐发展为僵化、顽固、激烈的第三阶段。游戏可以划分为如下阶段：

- 一度游戏（First-Degree Game）是在当事人的圈子里从社交角度可以容忍的游戏。
- 二度游戏（Second-Degree Game）是不会导致永久的、无法挽回的伤害的游戏，但玩家也不愿公之于众。
- 三度游戏（Third-Degree Game）是你死我活的游戏，终结于手术室、法庭或太平间。

游戏还可以根据分析"要不是因为你"游戏时讨论过的其他任一因素——目的、角色、最明显的获益等——进行分类。进行系统、科学的分类，最有可能基于的因素是心理地位；但这方面的知识还未充分发展，因此，该种分类以后再议。既然目前无法如此分类，最现实的做法大概就是基于社会学进行分类。本书下一部分会使用这种分类方法。

第五章　游戏

— 说　明 —

斯蒂芬·波特（Stephen Potter）对日常社交情境中的策略或"手段"进行过富有洞察且幽默的讨论。[2] G. H. 米德（G. H. Mead）对游戏在社交生活中的作用进行了开创性的研究。[3] 应该给予他们应得的赞誉。旧金山社会精神病学研讨会自1958年开始对导致精神障碍的游戏开展了系统的研究，最近，T. 萨斯（T. Szasz）对游戏分析这一领域进行了探讨。[4] 关于团体过程中游戏的作用，可参考本人关于团体动力学的著作。[5]

— 参 考 文 献 —

[1] Maurer, D. W., *The Big Con*, The Bobbs-Merrill Co., New York, 1940.

[2] Potter, S., *Theory and Practice of Gamesmanship*, Rupert Hart-Davis, 1947.

[3] Mead, G. H., *Mind, Self and Society*, Cambridge University Press, 1935.

[4] Szasz, T., *The Myth of Mental Illness*, Secker & Warburg, 1961.

[5] Berne, E., *The Structure and Dynamics of Organizations and Groups*, Pitman Medical, 1963.

第二部分

# 游戏汇编

概 述

该汇编收集的是到目前（1962年）为止发现的游戏，但新游戏仍在持续发现中。有时，一个游戏看似是已知游戏的另一个例证，但通过更仔细地探究，它其实是全新的游戏；有些游戏貌似是新游戏，结果却经常发现它只是已知游戏的变体。随着新知识的积累，游戏分析中的个别项目也可能发生改变；例如，在描述游戏的心理动力时可能存在多种选择，本书的陈述未必最具有说服力。不过，对临床工作来说，游戏清单以及游戏分析中的各项描述已经足够了。

对有些游戏的讨论和分析是完整的。有些则因为需要更多探究，或因为不常见，或因为其意义相当明显，只是简单提及。游戏中的"他"通常是指游戏的"发起者（agent）"，或者称为"怀特"[①]，另一方被称为"布莱克"。

根据最经常出现的场合，游戏被分为：人生游戏、婚姻游戏、聚会游戏、性游戏和黑社会游戏；接下来是针对专业人士的咨询室游戏；最后是好游戏的一些例子。

## 一、对游戏的解说

游戏分析将从下列项目的角度对游戏进行解说。

- 标题（title）：如果某个游戏的名字太长，为方便起见，正文会使用简称。

---

[①] 怀特的英文是White，有白色的意思；后面提到的布莱克的英文是Black，有黑色的意思。这样的命名体现了两方相对的意思。——译者注

一个游戏或其各种变体如果拥有多个名字，可以在"消遣和游戏索引"部分找到它们之间的相互对应。口头报告时，最好使用游戏的全称，而不是简称或首字母缩略词。

- **正题**（thesis）：尽可能有说服力地重述该游戏。
- **目的**（aim）：根据本书作者的经验，给出最有意义的解释。
- **角色**（roles）：先列出的是游戏主角"他"，用斜体表示，即是从谁的视角讨论该游戏的。
- **心理动力**（dynamics）：同目的。
- **范例**（examples）：(1) 描述童年时玩此游戏的一个实例，是最容易识别的游戏原型；(2) 成年生活中的一个实例。
- **沟通模式**（paradigm）：尽可能简短地阐明关键沟通，或者在社交层面和心理层面的沟通。
- **行动**（moves）：描述在实践中发现的最低数量的沟通刺激和沟通回应。在不同情境下，这些行动可以被无限扩展、淡化或装饰。
- **获益**（advantages）：(1) 内在心理获益——试图说明游戏如何有利于维持内部心理稳定性；(2) 外在心理获益——试图说明游戏可以回避何种引发焦虑的情境或亲密；(3) 内在社交获益——给出在亲密关系中玩游戏时使用的典型话语；(4) 外在社交获益——给出与不那么亲密的社交圈玩衍生游戏或消遣时使用的关键话语；(5) 生理性获益——试图描述游戏为参与者提供了何种安抚；(6) 存在性获益——说明玩游戏通常基于何种心理地位。
- **相关游戏**（relatives）：给出与该游戏互补、类似及对立的游戏名称。

对游戏的充分理解，只能发生在心理治疗情境下。玩破坏性游戏的人比玩建设性游戏的人更经常来见心理治疗师。因此，大多数被清楚地理解的游戏基本上都具破坏性，不过读者也应该记得，相对幸运的人也会玩建设性游戏。为了避免游戏的概念像许多精神病学术语那样被庸俗化，有必要再次强调，它是一个非常明确的概念：游戏应该依据前述标准清晰地与程序、仪式、消遣、操作、策略及基于不同心理地位而产生的态度区分开。玩游戏基于某种心理地位，但心理地位及其相应的态度并不是游戏。

## 二、通俗化表达

本书使用的很多通俗化表达都是由患者提供的。使用时如果考虑时机和敏感性，所有这些通俗化表达都能被游戏玩家领会、理解和喜爱。它们当中的一些也许看似无礼，但讽刺针对的是游戏，而非玩游戏的人。游戏的通俗化表达首先要贴切，如果一听就引人发笑，那正是因为它们一针见血。我曾在别处讨论过通俗化表达的重要意义，我用一整页旁征博引试图传达的含义可能还不如说某个女人是悍妇或者某个男人是混蛋来得多。[1] 出于学术目的，我们可以用科学的语言阐述心理事实，但在实践中，为了有效地识别情绪上的挣扎，我们需要用另一种方法。因此，我们宁愿说他在玩"这难道不糟糕"，也不说"用言语表达投射的肛门期攻击"。前者不仅更具有心理动力学意义和影响，事实上也更精确。有时，人们在明亮愉快的房间里比在单调乏味的房间里康复得更快。

— 参 考 文 献 —

[1] Berne, E., Intuition IV: Primal Images & Primal Judgments, *Psychiatric Quarterly*, 29: 634-658, 1955.

第六章

人 生 游 戏

在一般社交情景下,所有游戏对玩家的命运都有重要乃至决定性的影响;但其中一些游戏比另一些游戏更有可能伴随玩家终生,也更容易牵连相对无辜的旁观者。方便起见,我们将这组游戏称为人生游戏。这类游戏包括"酒鬼(Alcoholic)""欠债者(Debtor)""踢我吧(Kick Me)""现在我可逮着你了,你这混蛋(Now I've Got You, You Son of a Bitch,简称NIGYSOB)""看你让我做了什么(See What You Made Me Do,简称SWYMD)"及其主要变体。它们一方面可以与婚姻游戏相结合,另一方面也可以与黑社会游戏相结合。

## 一、"酒鬼"

**正题**。 在游戏分析中,没有酗酒或酗酒者一说,有的只是某种游戏中被称为"酒鬼"的角色。过度饮酒的主要原因如果是体内生化或生理异常——这在一定程度上还有待商榷——它就属于内科医学研究范畴。游戏分析感兴趣的内容非常不同——过度饮酒与进行何种社交互动有关,即"酒鬼"游戏。

该游戏的完整版本是五人游戏,不过在开始和结束时可能缩减为两人游戏。主角是"酒鬼"——游戏中的"他"——由怀特扮演。主要配角是"迫害者",通常由一位异性扮演,一般是配偶。第三个角色是"拯救者",通常由某位同性扮演,一般是那位好家庭医生,他对患者很感兴趣,也有酗酒问题。经典情境是,医生成功地将酒鬼从恶习中解救出来。怀特戒酒6个月后,

## 第六章 人生游戏

他们相互庆祝。第二天，怀特又被发现醉倒在水沟里。

第四个角色是"容易受骗的人"或"傻瓜"。在文学作品中，由熟食店老板扮演，他借钱给怀特，免费给他三明治，可能还有咖啡。他既不迫害怀特，也不试图拯救他。在生活中，怀特的母亲更经常扮演这个角色，她给他钱，因为儿子得不到儿媳的理解而同情他。从该游戏的这一方面来说，怀特需要以某种合理的方式解释他对钱的需求——双方都假装相信某件事，实际都清楚这些钱大部分会花到哪里。有时，"容易受骗的人"会滑入另一个角色，这个角色有用但并非必要，即"鼓动者"，一个甚至无须怀特开口就会提供酒水的"好人"——"来陪我喝一杯（然后你就能更快地走下坡路了）"。

所有酗酒游戏中的辅助性职业人士是调酒师或酒水员。在"酒鬼"游戏中，他们扮演的是第五个角色——"贩子"[①]。他们既是直接供应源，又懂酒鬼的语言。在某种程度上，他们是成瘾者生活中最有意义的人物。"贩子"与其他玩家的区别就好像任何比赛中职业选手和业余选手的区别——职业选手知道何时停止。好的调酒师会在某一时刻拒绝再给酒鬼供酒，然后酒鬼只好离开，除非找到更纵容的"贩子"。

在"酒鬼"游戏的初始阶段，妻子会扮演其他所有三种配角：午夜时"容易受骗的人"，为他脱衣服，煮咖啡，还让他打；早上的"迫害者"，斥责他的恶行；傍晚的"拯救者"，恳求他改变自己。到游戏的后续阶段，有时因为身体恶化，他可能会离开"迫害者"和"拯救者"，除非他们愿意供酒给他。怀特会去教会寻求拯救，如果他能领到免费餐食的话；或者他会忍受业余人士或职业人士的责骂，只要后来能得到施舍。

目前的经验表明，"酒鬼"的结局（游戏的一般特征）来自大多数研究者最不关注的方面。在对该游戏的分析中，饮酒本身只不过是带来额外获益的次要乐趣，是导向真正高潮的程序。真正的高潮是宿醉。"笨手笨脚的人"这个游戏也是如此——弄得乱七八糟，可以获得最多关注，但只是怀特将游

---

[①] 英文Connections在俚语中有毒品贩子之意。——译者注

戏推向关键结局的一种欢乐的方法。关键结局是获得布莱克的原谅。

对酒鬼而言，宿醉不是身体上的痛苦，而是心理上的煎熬。喝酒的人最喜欢两种消遣："马提尼酒"（喝了多少，怎么混合的）和"翌日早晨"（让我跟你说说我的宿醉）。"马提尼酒"的大部分玩家是社交性饮酒者；很多酒鬼更喜欢从心理层面玩更激烈的"翌日早晨"，类似匿名戒酒互助会（Alcoholics Anonymous）[①]等组织为他们进行这样的消遣提供了无数机会。

患者在一次放纵后与他的精神科医生会面时，不论怎样都会用各种方式辱骂自己；精神科医生什么都没说。然后，怀特又会在治疗团体中将看精神科医生的经历重说一遍，并带着自以为是的满足感说精神科医生就是这么骂自己的。很多"酒鬼"在治疗中最有兴趣谈论的不是他们的饮酒行为（显然，他们说自己主要是因为"迫害者"才喝的），而是后来的痛苦。喝酒除了给个人带来乐趣外，从互动的角度，其目的是为"儿童"创设情境，不仅能获得内在"父母"的强烈斥责，也能获得身边父母式人物的强烈斥责，如果这些父母式人物有足够的兴趣提供帮助的话。因此，对该游戏的治疗，不应聚焦于饮酒行为，而应聚焦于翌日早晨自我放纵后的自我谴责。还有一种重度饮酒者，并没有宿醉反应，他们不属于这里讨论的类型。

还有一个游戏，名为"不喝酒的酒鬼"。怀特不喝酒，但会经历财务或社交恶化的过程，其中的行动步骤和所需配角完全相同。同样，翌日早晨是关键所在。正是"不喝酒的酒鬼"与常规"酒鬼"之间的相似性，凸显出二者皆为游戏；例如，在两个游戏中，导致被解雇的程序是相同的。"吸毒者（Addict）"和"酒鬼"类似，但更具灾难性，更戏剧化，也更耸人听闻，且会迅速恶化。至少，在我们这个社会，该游戏更有赖于既存的"迫害者"。"容易受骗的人"和"拯救者"非常稀少，而"贩子"扮演着更为核心的角色。

有很多机构与"酒鬼"有关，有些是全国范围的，有些甚至是世界范围的，其他则是地方机构。其中许多机构都发布了游戏规则。几乎全部详细

---

[①] 以彻底戒酒为共同目标人组成的自助团体。——译者注

## 第六章 人生游戏

解释了如何扮演"酒鬼"的角色：早餐前喝一杯，把用于其他事情的钱花掉，等等。这些规则还解释了"拯救者"的作用。以匿名戒酒互助会为例，他们不仅持续玩游戏，还致力于诱导"酒鬼"扮演"拯救者"的角色。曾经的"酒鬼"被优先选择，因为他们知道这个游戏该怎么玩。因此，与从来没有玩过这个游戏的人相比，他们在扮演其中的配角上更具胜任力。曾有一个案例，匿名戒酒互助会的某分会没有可以继续帮助的酗酒者了，于是会员又继续喝酒了，因为如果没人需要拯救，这个游戏就无法进行下去了。[1]

还有一些组织致力于改善其他玩家的命运。有些组织给"酒鬼"的伴侣施压，让他们从"迫害者"转变为"拯救者"。有一个组织专门治疗酗酒者的青少年后代，他们是在理论上最接近治疗典范的机构；他们鼓励这些年轻人脱离游戏本身，而不只是转换角色。

对酗酒者的心理治愈在于使他完全停止游戏，而非仅从一个角色转换到另一个角色。对酒鬼来说，找到与继续游戏一样有趣的事很难，但有时也并非不可行。酒鬼的典型情况是害怕亲密，他们不得不用另一个游戏取代这个游戏，而不是建立没有游戏的关系。通常，所谓痊愈的酗酒者不是令人兴奋的社交伙伴，他们很可能在生活中缺乏兴奋感，因此总想重返老路。真正的"游戏治愈"的标准是曾经的酒鬼可以饮酒社交，但不会将自己置于危险的境地。通常的"完全戒酒"式治愈并不能让游戏分析师满意。

通过对该游戏的描述，很明显，对"拯救者"来说，存在很强的玩"我只是想帮你（I'm Only Trying to Help You，简称 ITHY）"的诱惑；对"迫害者"来说，是玩"看你对我做了什么（Look What You've Done to Me）"的诱惑；对"容易受骗的人"*，是玩"老好人（Good Joe）"的诱惑。随着拯救组织的兴起，酒精成瘾是一种疾病的理念广为流传，酒鬼被教会玩"木头腿（Wooden Leg）"的游戏。如今，对这个群体特别感兴趣的法规也倾向于鼓励这种情况。重心已经从"迫害者"向"拯救者"转移，从"我是一个罪人"向"你

---

\* 在黑社会的俚语中，"pasty"曾经指还可以或令人满意，后来用来描述"容易受骗的人"。

能指望一个病人做什么呢?"转移(现代思潮中脱离宗教、走向科学的趋势的一部分)。从存在主义的观点来看,这种转移仍存疑;从现实的角度来看,这种转移与减少向重度酗酒者售酒的问题也没有多大关系。虽然如此,对大多数人而言,匿名戒酒互助会仍是治疗过度饮酒的最佳开端。

**反题**。 众所周知,"酒鬼"游戏非常激烈,很难放弃。有一次,治疗团体中有一位女性"酒鬼",她几乎不参与团体,直到她认为对其他成员有了足够的了解,能够继续玩她的游戏了。然后,她邀请团体成员谈谈对她的看法。因为她的表现令人愉快,很多成员都夸奖她,但她反对:"这不是我想要的。我想知道你们的真实想法。"她明确表示自己在寻求贬低性评价。其他女士拒绝迫害她,于是,她回家告诉丈夫,如果她再喝酒,他必须要么和她离婚,要么把她送进医院。丈夫同意这么做,当晚她就喝醉了,他把她送进了疗养院。在这里,其他成员拒绝扮演怀特分配给他们的"迫害者"角色;不管人们如何努力地强化她已经获得的领悟,她还是无法忍受该反题行为。而在家里,她找到了愿意扮演她要求的角色的人。

不过,在其他情况下,如果患者做好了充分的准备,似乎能够放弃游戏,试图实现真正的社交治愈。此时,治疗师既不扮演"迫害者",也不扮演"拯救者"。治疗师如果扮演"容易受骗的人",允许患者放弃付费和准时的责任,同样会失去对他的治疗效果。从沟通分析的视角来看,正确的治疗程序是先仔细地做好初步基础工作,然后建立"成人"的合约关系,并拒绝扮演任何角色,希望患者不仅能够忍受戒酒,还能忍受放弃游戏。如果他做不到,那最好将他转介给一位"拯救者"。

实施反题格外困难,因为在大多数西方国家,严重的酗酒者受到高度重视,被视作强烈谴责、关怀或慷慨施舍的对象。拒绝扮演这些角色的人可能引起公愤。对"拯救者"来说,理性的治疗可能比酒鬼更加令人担忧,有时,治疗可能带来不幸的后果。在临床治疗中,有一群工作者对"酒鬼"游戏非常感兴趣,并试图通过打破该游戏实现真正的治愈,而不仅仅是"拯救"

患者。这一点被发现后,他们被支持该诊所的外行委员会逼走了,再没有人被邀请协助治疗这些患者。

**关联游戏**。"酒鬼"游戏中还有一个有趣的配角戏,名为"喝一杯(Have One)",由一位敏锐的工业精神病学学生发现。怀特和他的妻子(不喝酒的"迫害者")与布莱克夫妇(二人都是"容易受骗的人")一起去野餐。怀特对布莱克说:"喝一杯!"如果他们真的喝了一杯,就给了怀特喝四五杯的准许。如果布莱克拒绝了,就撕下了这个游戏的面具。依据酒场规矩,怀特此时有资格感觉受到了侮辱,下次去野餐,他将找一个更配合的伙伴。社交层面所呈现的是"成人"的慷慨,而在心理层面则是"儿童"的无礼。怀特的"儿童"借此得到布莱克"父母"的纵容,在怀特夫人的眼皮子底下公然"受贿",而她也无力反对。事实上,正是因为怀特夫人"无力"反对,整个安排才得到了同意。由于她自己处于"迫害者"角色,因此同样急切地希望游戏继续下去,就像怀特先生处于"酒鬼"的角色一样。野餐之后的第二天早晨,她对他的指责不难想象。如果怀特是布莱克的老板,这一变体的情况会更加复杂。

一般来说,"容易受骗的人"不像它的名字暗示的那样糟糕。"容易受骗的人"常常是一些孤独的人,通过善待"酒鬼",他们可以获得大量好处。熟食店老板通过玩"老好人"游戏,可以结识很多人,也可以在自己的社交圈赢得好名声,既慷慨大方又会讲故事。

顺便提一下,"老好人"的一种变体是四处请教如何才能最好地帮助别人的建议。这是欢快且具有建设性的游戏之一,值得鼓励。与之相反的是"硬汉(Tough Guy)",学习暴力的或者征求如何最能伤害别人的建议。尽管真正的暴行从没有实施,但玩家拥有与真正会打得你死我活的硬汉交往的特权,因此可以沾他们的光。这就是被法国人称为恶俗的吹嘘者的类型。

## 分析

- **正题**：我是多么糟糕；看你能不能阻止我。
- **目的**：自我谴责。
- **角色**："酒鬼""迫害者""拯救者""容易受骗的人"和"贩子"。
- **心理动力**：口欲剥夺。
- **范例**：(1) 看你能不能抓到我。由于其复杂性，该游戏的原型难以关联。不过，孩子们，尤其是酗酒者的孩子们，往往会使用许多具有酒鬼特征的策略。"看你能不能阻止我（See If You Can Stop Me）"，包括撒谎，藏东西，寻求贬低性评价，寻找可以帮助自己的人，发现一位仁慈的、愿意提供施舍物的邻居等。自我谴责通常更晚出现。(2) 酗酒者及其社交圈。
- **社交层面的沟通模式**："成人"—"成人"。

  "成人"："告诉我你对我的真实看法，或帮助我戒酒。"

  "成人"："我会坦白地说。"
- **心理层面的沟通模式**："父母"—"儿童"。

  "儿童"："看你能不能阻止我。"

  "父母"："你必须戒酒，因为……"
- **行动**：(1) 激怒—指责或原谅。(2) 纵酒—愤怒或失望。
- **获益**：(1) 内在心理获益——(a) 以程序的方式喝酒——反叛、获得安慰和渴望获得满足；(b) "酒鬼"游戏——自我谴责（可能如此）。(2) 外在心理获益——回避性或其他形式的亲密。(3) 内在社交获益——看你能不能阻止我。(4) 外在社交获益——"翌日早晨""马提尼酒"及其他消遣。(5) 生理性获益——充满爱的和愤怒的交流交替出现。(6) 存在性获益——"每个人都想剥夺我的权利"。

## 二、"欠债者"

**正题**。"欠债者"不只是一个游戏。在美国，它易于成为一种脚本，即对整个人生的计划，与非洲和新几内亚丛林的情况一样。[2] 在那里，一个年轻人的亲戚花重金给他买了一个新娘，使他未来很多年都要背负对他们的债务。美国流行同样的习俗，至少在文明程度较高的地区，只不过购买物从新娘变成了房子，如果亲戚没有承担借债的角色，银行就会承担该角色。

因此，新几内亚的年轻人会将旧手表挂在耳朵上确保成功，美国的年轻人将新手表戴在手腕上确保成功，他们都感到生活有了"目标"。诸如婚礼或乔迁之喜等大型庆祝活动通常在背负债务时举行，而非还清债务时。例如，电视上的主角很少是终于还清房贷的中年人，而是与家人搬入新居，自豪地挥舞着刚刚签好的合同的年轻人。这份合同将束缚住他最富有生产力的大部分年华。当他还清债务后——房贷、孩子的大学学费、保险——他便被视为麻烦，成了社会不仅要为其提供舒适的物质条件还要为其提供新"目标"的"老年人"。在新几内亚，如果他非常精明，可能成为巨额债权人，而非巨额欠债人，不过这种情况较为罕见。

正当我写这些时，一只西瓜虫①爬过了桌面。如果它被仰面翻过来，你会看到它要经过剧烈的挣扎才能重新站起来。在这期间，它拥有了生活的"目标"。当它成功时，你几乎能从它脸上看到胜利的表情。它离开后，你可以想象它下一次与其他西瓜虫见面时讲述自己故事的场景，年轻的一代仰慕着它，它是昆虫中的成功者。但是，在它的扬扬自得中又掺杂着一丝失望。现在，它已经成了最优秀的人，生活似乎失去了目标。也许它希望回到过去，再重复一次胜利。也许我们可以用墨水在它的后背做记号，这样，当它再去冒险时，我们就能认出它。西瓜虫，真是勇敢的动物。难怪它能存活

---

① 中文学名鼠妇。——译者注

几百万年。

不过,大部分美国年轻人只有在压力下才会认真对待他们的债务。如果他们感到抑郁或经济状况不佳,他们的债务会促使他们坚持下去,甚至有可能防止其中某些人自杀。在大多数时间,他们都在玩一种较温和的游戏"要不是因为债务",但除此之外,他们过得都很享受。只有很少一部分人会终生玩激烈的"欠债者"游戏。

年轻夫妇常常玩"你追债试试(Try and Collect,简称 TAC)",并展示出如何设置游戏可以使它无论朝哪个方向发展,玩家都能"获胜"。怀特夫妇通过贷款购买了各种商品和服务,廉价还是奢华,取决于他们的背景及其父母或祖父母对游戏的教导。如果债主做了一些轻微的追债努力就放弃了,那么怀特夫妇可以享受获益,而不必接受惩罚,从这个意义上说,他们赢了。如果债主加大追债力度,那么他们可以享受被追的乐趣,同时还能享用购买的东西。如果债主下决心收回欠款,游戏最激烈的形式就诞生了。为了拿回欠款,他可能不得不诉诸极端的手段,通常包含强制因素——找怀特的老板,或让贴着讨债公司大标语的吵闹、花哨的大卡车直接开到他们家去。

这时,转换就会发生。现在,怀特知道他可能必须还钱了。但由于强制性因素,怀特断然感到理应生气。在大多数情况下,强制性因素是在债主的"第三封信"中说明的("如果你在48小时内不在我们办公室出现……")。此时,怀特转向玩"现在我可逮着你了,你这混蛋"游戏的变体。这样,通过证明债主是贪婪、冷酷和不值得信赖的,他又赢了。这个游戏有两个最明显的获益:(1)它强化了怀特的心理地位,即变相的"所有债主都贪婪";(2)它提供了大量外部社交获益,因为他现在可以在朋友面前公开辱骂债主,又不失自己"老好人"的身份。通过内心与债主对峙,他也可能进一步获得内在社交获益。此外,该游戏还为他在信贷系统占便宜做出辩护:如果债主都是他们现在表现的这样,为什么还要还钱给他们?

作为债主,一些小房东会玩"你躲债试试(Try and Get Away With It,简称 TAGAWI)"。"你追债试试"和"你躲债试试"玩家很容易认出彼此,由于潜在的沟通获益及预期的愉快,他们暗自高兴,并非常乐意彼此卷入。最终无论是谁赢钱,每一方在游戏结束时都会强化另一方的心理地位,而正是基于这种心理地位,他们才会玩"这事为什么总发生在我身上(Why Does This Always Happen To Me,简称 WAHM)"的游戏。

涉及金钱的游戏,结果可能非常严重。如果以上描述听起来颇为滑稽,就像某些人感觉的那样,那并不是因为它们不重要,而是因为事件背后微妙的动机被揭露,人们可以学习怎样严肃地对待它们。

**反题**。"你追债试试"明显的反题是要求立即用现金支付。但厉害的"你追债试试"玩家总能找到办法应对,只有最强硬的债主才能不为所动。"你躲债试试"的反题是迅速、坦诚。以激烈的方式玩"你追债试试"和"你躲债试试"的人,都是不折不扣的行家,业余玩家在较量中遇到他们的概率与遇到职业赌博者的概率一样大。尽管业余玩家很难获胜,但至少在卷入游戏时可以玩得开心。由于这两种游戏都是按传统进行的,对专业人士来说,没有什么比让业余受害者嘲笑结果更令他不安。在金融界,这被认为是绝对不可能的。在向本书作者报告的案例中,当一个人在街上遇到欠债者时加以嘲笑,对他来说就像对"笨手笨脚的人"实施反题策略一样,令他困惑、沮丧和不安。

## 三、"踢我吧"

**正题**。 玩这种游戏的男性,他们的社交方式和身上挂着一个"别踢我"的指示牌差不多。踢他的诱惑几乎难以抵挡,而当被踢的结果自然发生时,怀特可怜地哭诉道:"但牌子上写的是'别踢我'啊。"接着,他疑惑地说:"这事为什么总发生在我身上?"在临床上,"这事为什么总发生在我身上"也可以在"精神病学"游戏中表现为惯常的说法:"每当我有压力,都会感到震惊。""这事为什么总发生在我身上"的游戏元素之一是反向骄傲:"我的不幸比你的好。"这个元素常见于偏执症患者。

如果周围的人们受仁爱、"我只是想帮你"、社会惯例或组织规范所限,不能攻击他,他的行为就会越来越挑衅,直到他违反底线,迫使他人就范。这些人是会被驱逐、抛弃或解雇的人。

这个游戏的女性版本是"衣衫褴褛(Threadbare)"。她们往往来自上流社会,却不厌其烦地做寒酸的事。出于各种"好"理由,她们确保自己的收入永远不会高于贫困线多少。即使飞来横财,也总会有富有事业心的年轻男性帮她们失去这笔钱。作为回报,他们在一个毫无价值的商业推广中留给她们一些股票或类似的东西。用通俗的话说,这样的女士被称为"母亲的朋友",她们总是准备给出"父母"的明智建议,基于他人的间接经验过自己的生活。她们的"这事为什么总发生在我身上"是无声的,只是通过她们勇敢抗争的行为表明"这事为什么总发生在我身上"。

在适应良好的人身上,存在一种有趣的"这事为什么总发生在我身上"形式。他们获得的报酬和成功不断增加,并常常超出自己的预期。这里的"这事为什么总发生在我身上"如果以"我到底做了什么,才会有这样的结果?"表达,就可以引发严肃且具有建设性的思考,并带来具有最佳意义的个人成长。

## 四、"现在我可逮着你了,你这混蛋"

**正题**。 这是可以在扑克游戏中看到的经典一幕。怀特拿到一手必胜牌,如4个A。如果他是"现在我可逮着你了,你这混蛋"玩家,此时,与牌打得好或赢钱相比,他对布莱克完全任自己摆布更感兴趣。

怀特需要安装一些水暖装置,在获准开工前,他和水暖工非常仔细地核查了费用。价格确定下来,双方都同意不会产生额外费用。但在水暖工递交账单时,由于不得不安装一个预期外的阀门,增加了几美元的成本——大约在400美元的费用上增加了4美元。怀特暴怒,打电话给水暖工要求解释。

## 第六章 人生游戏

水暖工不肯让步。怀特给他写了一封长信,指责他的诚信与职业道德问题,并表达除非取消额外费用,否则拒绝付款。最后,水暖工妥协了。

我们很快就可以发现,怀特和水暖工都在玩游戏。他们在协商的过程中,就已经发现了彼此的潜在性。水暖工在递交账单时,做出了激惹行为。由于怀特和水暖工有言在先,所以水暖工显然犯了错误。此时,怀特感觉有理由对水暖工发泄几乎无限的愤怒。怀特并没有用得体的方式与水暖工协商,达成自己的"成人"设置的目标,而是抓住机会对水暖工的整个生活方式进行了全面批判,也许还带着一点无辜的恼火。在表面上,他们的争论是"成人"对"成人"的沟通,即对既定款项产生的正当商业纠纷。在心理层面上,这是"父母"对"成人"的沟通:怀特利用一些琐碎的但在社交层面又合乎情理的抗议(心理地位),借机向蒙在鼓里的对手发泄压抑多年的愤怒,和他母亲在类似情境下的做法一样。很快,他就可以发现自己潜在的态度("现在我可逮着你了,你这混蛋"),并意识到自己对水暖工的激惹暗自高兴。然后,他回想起自己从很小开始,就在寻找类似的不公行为,带着愉悦接受,并用同样的活力加以利用。他说,自己很多时候已经忘记真正激惹他的是什么了,只清晰地记得后续发生的斗争过程。很明显,这个水暖工玩的是"这事为什么总发生在我身上"游戏的某种变体。

"现在我可逮着你了,你这混蛋"是双人游戏,且必须与"这难道不糟糕(Ain't It Awful,简称 AIA)"加以区分。在"这难道不糟糕"中,游戏主角寻找不公正对待,目的是向第三方抱怨,玩三人游戏:"攻击者""受害者"和"知己"。"这难道不糟糕"的口号是"同病相怜"。知己通常也是玩"这难道不糟糕"的人。"这事为什么总发生在我身上"也是三人游戏,不过主角是用不幸来彰显自己的卓越,并憎恶其他不幸者与自己竞争。"现在我可逮着你了,你这混蛋"也可以商业化,以职场三人游戏的方式表现,例如"美人计(Badger Game)"。它也可以通过或多或少的微妙变化,成为双人婚姻游戏。

**反题。** 这个游戏的最佳反题是正确的行为。与"现在我可逮着你了,

"你这混蛋"玩家建立关系时,第一时间就应建立清晰、详细的合约结构①,并严格遵守既定规则。例如,在临床实践中,关于缺席或取消预约的付费问题,必须立即明确解决,此外还应格外警惕,避免账目上的错误。如果发生意外事故,反题是得体地让步,直到治疗师做好应对该游戏的准备。在日常生活中,与"现在我可逮着你了,你这混蛋"玩家做交易一定要预判风险。对待这类人的妻子要礼貌规矩,连最轻微的调戏、献殷勤或怠慢都应避免,特别是在丈夫本人看似鼓励你这么做时。

## 分析

- **正题**:现在我可逮着你了,你这混蛋。
- **目的**:正当化。
- **角色**:"受害者"和"攻击者"。
- **心理动力**:嫉恨。
- **范例**:(1)这次我抓住你了;(2)嫉妒的丈夫。
- **社交层面的沟通模式**:"成人"——"成人"。

  "成人":"看,你做错了。"

  "成人":"既然你提醒我注意,我想我真做错了。"

- **心理层面的沟通模式**:"父母"——"儿童"。

  "父母":"我一直盯着你呢,就等着你犯错。"

  "儿童":"这次你抓住我了。"

  "父母":"没错,我会让你尝尝什么叫怒不可遏。"

- **行动**:(1)激惹—指责;(2)防御—指责;(3)防御—惩罚。
- **获益**:(1)内在心理获益——愤怒的正当化;(2)外在心理获益——避免面对自己的不足;(3)内在社交获益——"现在我可逮着你了,你这混蛋";(4)外在社交获益——"他们总是要来抓你(They're Always

---

① 合约结构,也译作契约结构,英文是contractual structure,是一个专业术语,指一份合约究竟包含哪些要素,以及要素之间的逻辑关系。——译者注

Out to Get You)";（5）生理性获益——好战的交流，通常是同性间的；（6）存在性获益——人们都不可信。

## 五、"看你让我做了什么"

**正题。** 这个游戏的经典形式是婚姻游戏，事实上，它是一个"三星级婚姻破坏者"，不过，它也可以在亲子间或工作中上演。

1. **一度"看你让我做了什么"。** 怀特感觉自己不合群，于是全神贯注地投入某些活动，这些活动常常把他和人们隔绝开。此时，他想要的可能就是一个人待着。一个侵入者，比如他的妻子或某个孩子，要么过来寻求安抚，要么询问他诸如"尖嘴钳在哪儿？"之类的问题。这个干扰"导致"他的凿子、漆刷、打字机或烙铁滑落，于是他一怒之下开始斥责侵入者，并大喊"看你让我做了什么"。这种情况常年反复发生，在他全神贯注时，家人越来越不敢打扰他。导致物品滑落的当然不是侵入者，而是他自己的恼火。出现这种情况时，他会非常高兴，因为这好像给了他一个把访客弹出去的杠杆。不幸的是，孩子太容易学会这个游戏了，以致这个游戏很容易代代相传。当玩家越具引诱性地玩此游戏时，其背后的满足与获益就展示得越清晰。

2. **二度"看你让我做了什么"。** 如果"看你让我做了什么"构成了一种生活方式，而不是偶尔作为一种保护机制，怀特就会和玩"我只是想帮你"或相关游戏的女人结婚。这样，他就很容易听从她的决定，通常是假借体贴或绅士风度之名。他可能恭顺、礼貌地让妻子决定去哪里吃晚餐或看哪一部电影。如果最终事情一切顺利，他就可以享受这一切。如果不顺利，他就会通过直说或暗示的方式责备她："都是你害的（You Got Me Into This，简称 UGMIT）"，这是"看你让我做了什么"的一种简单变体。或者，他会把与孩子养育相关的、做决定的重担推到她身上，而他则表现得像一个执行者；如果孩子感觉不好，他直接就可以玩"看你让我做了什么"。如果孩子最终成长得不好，就为多年后把责任归咎于母亲奠定了基础。这样，"看你让我做了什么"本身并不是游戏的结局，而是在通向"我早告诉过你（I Told You So）"或"看你现在做了什么（See What You've Done Now）"的路上获得暂时的满足。

　　职业玩家在工作中也会玩"看你让我做了什么"，从而获得心理满足。在职场的"看你让我做了什么"游戏中，长期受苦的怨恨表情代替了话语。作为"民主"或"良好管理"的一部分，玩家征询助手的意见。这样，他就可以站在一个无懈可击的位置对下属实施恐怖统治。他犯的任何错误都可以用于指责他们。如果用于指责上级（把自己的错误归咎于他们），他们就是自讨苦吃并可能被解雇，如果是在军队中，他们可能被调到另一个分队。若是那样，对充满怨恨的人来说，这种行为就是"这事为什么总发生在我身上"的一个游戏元素，或者对抑郁的人来说，是"我又犯老毛病了"的一个游戏元素——二者都属于"踢我吧"一族。

3. 三度"看你让我做了什么"。在"看你让我做了什么"的激烈形式中，偏执狂可能借此对抗那些草率地给他们忠告的人（见"我只是想帮你"）。这可能很危险，在极少数情况下甚至可能致命。

"看你让我做了什么"和"都是你害的"彼此完美互补，因此，"看你让我做了什么"—"都是你害的"组合构成了很多婚姻中典型的、隐蔽的游戏合约的基础。这种合约可由下述实例加以说明。

　　由于怀特先生"不善于计算"，经双方同意，怀特夫人负责记录家庭账目，并通过共同账户支付账单。每隔几个月，他们就被通知透支，怀特先生不得不去银行还清欠款。他们一起查找问题的源头，结果发现怀特夫人在没有告知丈夫的情况下，购买了昂贵的物品。真相大白时，怀特先生就会极其愤怒地玩"都是你害的"，怀特夫人则含泪接受他的指责，并保证下不为例。

在之后一段时间里，一切都很顺利。然后，信贷机构突然出现，要求他们支付一笔拖欠了很久的款项。怀特先生从没听说过这个账单，于是询问妻子。接下来，她就会玩"看你让我做了什么"，说这都是他的错，因为他禁止她透支家庭账户，为了维持生计，她唯一能做的就是不支付这笔巨额债务，并向他隐瞒讨债的事。

这些游戏上演了十年，每次发生问题都被认为是最后一次，从此一切将会不同——事实的确如此，不过只维持了几个月。在治疗中，怀特先生没有借助治疗师的帮助，就聪明地分析出了这个游戏，并且想到了一个有效的解决办法。经双方同意，怀特先生将所有信用卡账户和银行账户放到自己名下。怀特夫人继续记账和开出支票，不过，怀特先生要先看过账单并控制付款。使用这种方法后，他再也没有经历被追债或透支的情况，现在，他们也共同分担预算工作。失去"看你让我做了什么"—"都是你害的"带来的满足与获益后，怀特夫妇最初有些不知所措，不过同时，这也促使他们找到更具开放性和建设性的方法来相互满足。

**反题。** 一度"看你让我做了什么"的反题是不打扰玩家；二度"看你让我做了什么"的反题是将决定权丢回给怀特。一度玩家的反应可能是感到被抛弃，但很少愤怒；如果强迫二度玩家采取主动，他可能会生气。因此，按照规律对抗"看你让我做了什么"，不会带来令人愉快的结果。三度"看你让我做了什么"的反题需要交给胜任的专业人士处理。

### 部分分析

该游戏的目的是证明无罪。从心理动力的角度看，轻度"看你让我做了什么"可能与早泄有关，重度"看你让我做了什么"可能与由"阉割"焦虑导致的愤怒有关。孩子很容易学会这个游戏。外在心理获益很明显（逃避责任）。另外，迫近的亲密所带来的威胁也会导致游戏仓促地进行，因为"正当的"愤怒可以成为避免性关系的绝佳借口。心理地位是"我无可指责"。

## — 说　　明 —

感谢加利福尼亚州奥克兰市酒瘾治疗与教育中心的罗德尼·纳斯（Rodney Nurse）医生和弗朗西斯·马特森（Frances Matson）女士，感谢肯尼斯·埃弗茨（Kenneth Everts）医生、斯塔雷尔斯（R. J. Starrels）医生、罗伯特·古尔丁（Robert Goulding）医生以及其他对酗酒问题特别感兴趣的人，感谢他们在研究"酒鬼"游戏上的持续努力以及对当前讨论做出的贡献与批评。

## — 参 考 文 献 —

[1] Berne, Eric., *A Layman's Guide to Psychiatry & Psychoanalysis*. Simon & Schuster, New York, 1957, p.191.

[2] Mead, M., *Growing Up in New Guinea*, Morrow, New York, 1951.

第七章

婚姻游戏

婚姻和家庭生活几乎可以建立在任何游戏的基础上，不过有些游戏人们玩得更多，例如"要不是因为你"。有些游戏在受法律约束的亲密合约下可以被忍受得更久，例如"性冷淡的女人"。性游戏被当作一个单独的章节，当然，我们只是人为地将婚姻游戏和性游戏分开。在婚姻关系中，最典型、表现形式最完整的游戏包括"逼入困境（Corner）""法庭（Courtroom）""性冷淡的女人（Frigid Woman）"和"性冷淡的男人（Frigid Man）""疲惫不堪（Harried）""要不是因为你（If It Weren't For You）""看我已经多努力了（Look How Hard I've Tried）"以及"亲爱的（Sweetheart）"。

## 一、"逼入困境"

**正题**。"逼入困境"比大部分游戏更清晰地展示了游戏操纵性的一面以及它们对亲密的阻碍功能。自相矛盾的是，这个游戏包含了一个人虚伪地拒绝玩另一个人的游戏。

1. 怀特夫人向丈夫提议一起去看电影。怀特先生同意了。
2a. 怀特夫人"无意识"地犯了一个错误。她在交谈过程中很自然地提起房子需要粉刷。这是一项昂贵的工程，怀特最近才告诉她，他们的财务有些紧张。他请她至少在下个月前不要提出不寻常的花销，以免让他尴尬或烦恼。因此，现在提出房子的问题不合时宜，怀特的回应也很粗暴。
2b. 另一种情况：怀特引导谈话围绕房子展开，怀特夫人很难抵挡说出它需要粉刷的诱惑。然后就发生了前面的情况,怀特粗暴地回应。
3. 怀特夫人很生气,说如果他心情不好,她就不和他去看电影了,他最好自己去。他说,如果她这样觉得,他就自己去。
4. 怀特去看电影(或和孩子们出去玩),留下怀特夫人在家抚慰自己的伤感。

这个游戏可能包含两项"可乘之机":

A. 根据过去的经验,怀特夫人很清楚,她无须那么认真地对待他的恼火。他真正想要的是她对他努力养家表现出一些感激;然后他们就可以一起愉快地出门了。但是她拒绝这样做,他感到很失望。然后,他满怀沮丧和不满离开,她留在家中看似受到伤害,但又有一种隐秘的成功感。
B. 根据过去的经验,怀特很清楚,他无须那么认真地对待她对他的激惹。她真正想要的是甜言蜜语;然后他们就可以一起愉快地出门了。但他拒绝这样做,同时知道自己的拒绝是不诚实的:他知道妻子想要他哄,却假装不知道。他离开家,感到高兴和解脱,但看起来像受了委屈一样。她被留下,感到沮丧和不满。

没有经验的人也能看出,每一种情况的获胜者,其心理地位都是"我无可指责";怀特先生或怀特夫人所做的一切就是从字面意思上对待对方。这在 B 中更加明显,怀特先生从表面理解怀特夫人的拒绝。他们都知道这并非事实,但既然她说了,她就被逼入了困境。

这个游戏最明显的获益是外在心理获益。他们两人都发现电影可以激发性欲,并且或多或少预料到从影院回家后,他们会做爱。因此,无论哪一方想回避亲密,就会通过行动 2a 或 2b 开始游戏。这是"大吵"游戏的一种格外惹人生气的变体(见第九章)。"受委屈"的一方处于理所当然的愤怒中,当然为自己不想做爱找到了好理由,被逼入困境的伴侣对此无能为力。

**反题。** 反题对怀特夫人很简单。她需要做的只是改变想法,挽住丈夫的手臂,微笑并陪他一起去(从"儿童"转换到"成人")。对怀特先生则更为困难,因为现在是她掌握主动;不过,如果他回顾整个情况,也许能哄她一起去。他可以动用刚被抚慰的生气的"儿童",更好的情况是,动用"成人"。

作为涉及孩子的家庭游戏时,"逼入困境"的表现方式稍有不同,与贝特森(Bateson)[①]及其同事描述的"进退两难"相似。[1] 陷入困境的是孩子,无论他做什么都是错的。依据贝特森学派的看法,这可能是精神分裂症的一项重要病因。用本书的语言,精神分裂症可能是孩子应对"逼入困境"的反题。用游戏分析治疗成年精神分裂症患者的经验支持这一观点;也就是说,如果对家庭的"逼入困境"游戏进行分析,可以发现无论是过去还是现在,精神分裂行为在对抗这个游戏。那么,在准备适当的患者身上,症状可以部分或完全解除。

"逼入困境"的家庭版还有一种日常表现形式。如果父母拥有特别喜欢干涉的"父母",这一游戏最有可能影响年幼孩子的性格发展。小男孩或小女孩被催促承担家务,但他做家务时,父母又会挑他的毛病,即"做也该死,不做也该死"的家庭范例。这种"进退两难"可被称为两难型"逼入困境"游戏。

人们发现,"逼入困境"有时也是儿童哮喘的病因。

*小女孩*:"妈妈,你爱我吗?"

*母  亲*:"爱是什么?"

---

[①] 格雷戈里·贝特森(Gregory Bateson),英国人类学家、心理学家、社会科学家、语言学家、符号学者及控制论专家。他对20世纪最重要的三个基础性理论——控制论、信息论和系统论——的丰富和完善做出了重要贡献。在心理学方面,他提出了精神分裂症的双重束缚(double-bind)理论,将精神分裂症看作一种关系现象,而不是一种内在心理症状。——译者注

## 第七章 婚姻游戏

这一回答无法让孩子直接回应。小女孩想跟母亲谈话，母亲却将主题转向她还没有接触也无法应对的哲学问题。她开始呼吸困难，母亲被激怒，哮喘发作，母亲道歉，"哮喘游戏"就这样按常规发展。这一游戏被称作"哮喘（Asthma）"型"逼入困境"，还有待进一步研究。

"逼入困境"还有一种高雅的变体，可以称为罗素-怀特海（Russel-Whitehead）型"逼入困境"①，有时发生在团体治疗之中。

布莱克："好吧，不管怎样，既然我们都沉默，就没有人在玩游戏。"
怀　　特："也许沉默本身就是游戏。"
瑞　　德："今天没有人玩游戏。"
怀　　特："但不玩游戏本身可能就是游戏。"

治疗性反题也一样高雅，那就是禁止逻辑悖论。当怀特不能使用这一策略时，潜藏的焦虑很快就会显现。

婚姻游戏"午餐袋（Lunch Bag）"一方面与"逼入困境"相似，另一方面与"衣衫褴褛"相似。丈夫能够负担得起去一家好餐馆吃午饭，但他每天早上都做几个三明治，装在纸袋中带去办公室。这样，他就将家里的面包皮、前一晚的剩饭和妻子给他攒的纸袋通通用上了。这使他对家庭财务拥有完全的掌控权——在这样的自我牺牲面前，哪种妻子敢给自己买貂皮围巾？丈夫还能得到其他一些获益，例如，独自吃午餐以及在午餐时赶工作。从很多方面来看，这都是本杰明·富兰克林（Benjamin Franklin）②支持的建设性

---

① 罗素和怀特海都是英国哲学家、数学家、逻辑学家，二人合著的《数学原理》（The Principles of Mathematics）系统论述了逻辑类型论。在此过程中，罗素提出了引发第三次数学危机的集合悖论，即S由一切不是自身元素的集合组成，那么S属不属于S呢？如果S属于S，那么根据该集合的定义，S就不属于S；反之，如果S不属于S，那么根据该集合的定义，S就属于S。这就构成了悖论。——译者注
② 美国政治家、物理学家、社会活动家，美国独立战争时重要的领导人之一。——译者注

游戏，因为它提倡以节俭、勤奋和守时为美德。

## 二、"法庭"

**正题。** 从描述上看，这个游戏属于法律领域最常见的游戏类型。法律领域最常见的游戏包括"木头腿"（精神错乱的借口）和"欠债者"（民事诉讼）。在临床上，该游戏最常见于婚姻咨询和婚姻团体治疗。事实上，有些婚姻咨询和婚姻团体就是在无休止地上演"法庭"游戏，什么问题也没有解决，因为游戏从来就没有被打破。在这种情况下，咨询师或治疗师严重卷入了游戏，却没有觉察。

"法庭"的玩家人数不限，但在本质上属于三人游戏，包括"原告""被告"和"法官"，分别由丈夫、妻子和治疗师代表。如果是在团体治疗、电台或电视节目中玩这个游戏，其他观众或听众就是陪审团。丈夫哀怨地开始："让我来告诉你（妻子的名字）昨天干了什么。她……"然后，妻子防御性地回应："这才是真实的情况……在那之前，他……总之，当时我们都……"接着，丈夫勇敢地补充道："好吧，我很高兴你们有机会听到故事的两面，我只希望公平。"这时，治疗师审慎地说："在我看来，如果我们这样考虑……"如果还有其他观众，治疗师可能会把问题抛给他们："好，我们来听听其他人的想法。"或者，如果这个团体已经训练有素，不需要治疗师的任何提示，他们也会自动扮演陪审团的角色。

**反题。** 治疗师对丈夫说："你完全正确！"如果丈夫沾沾自喜或扬扬自得地放松下来，治疗师就会接着问："我这么说，你感觉怎么样？"丈夫回答："很好。"然后，治疗师说："实际上，我感觉你认为自己错了。"丈夫如果是诚实的，他会说："我一直都知道。"如果他不诚实，就会做出某种回应，使人清晰地看到游戏正在进行。这样，就有可能进一步探讨这个问题。这个游戏的要素在于，尽管"原告"表面上在大声要求胜利，但他从根本上就认

第七章　婚姻游戏

为是自己错了。

收集了足够多的临床资料，并将它们的情况澄清后，可以采用所有反题艺术中最简洁的策略之一阻断该游戏。治疗师制定一条规则，禁止在团体中使用第三人称（语法上的）。此后，成员只能直接用"你"称呼对方，或者用"我"来谈论自己，但不能说"让我来告诉你，他……"之类的话，夫妻在团体中就可以完全停止"法庭"游戏，或者转而玩有所改善的"亲爱的"，或完全没有帮助的"此外还有（Furthermore）"。"亲爱的"在另一章节有所描述（第95页）。在"此外还有"中，"原告"一个接一个地提出控诉。"被告"对每一项控诉的回答都是"我能解释"。"原告"不会注意这些解释，一旦"被告"暂停，"原告"就会用"此外还有"提出下一项控诉，接着又会带来另一个解释——典型的"父母"—"儿童"的交流。

偏执型"被告"最容易强烈陷入"此外还有"。因为他们总从字面含义理解，格外容易令使用幽默或者隐喻表达自己的"原告"感到挫败。一般而言，在"此外还有"中，隐喻是最明显要避开的陷阱。

在日常生活中，在孩子身上很容易观察到"法庭"游戏，这是发生在一对姐弟与一位家长之间的三人游戏。"妈妈，她拿走了我的糖。""没错，可他拿走了我的娃娃，而且在那之前，他还打我。不管怎样，我们之前说好的是把糖平分。"

## 分析

- **正题**：他们必须说我是对的。
- **目的**：获得安心。
- **角色**："原告""被告""法官"（和/或陪审团）。
- **心理动力**：同胞之争。
- **范例**：(1) 孩子们争吵，父母介入；(2) 已婚夫妇，寻求"帮助"。
- **社交层面的沟通**："成人"—"成人"。

"成人"："这是她对我做的事。"

"成人":"真实情况是这样的。"

- **心理层面的沟通**:"儿童"——"父母"。

  "儿童":"告诉'我',我是对的。"

  "父母":"这个人是对的。"或者,"你们都是对的。"

- **行动**:(1)"原告"提起控诉——"被告"进行辩护;(2)"原告"提出反驳、让步或做出善意表示;(3)"法官"做出判决或给予陪审团指示;(4)做出最终判决。

- **获益**:(1)内在心理获益——向外投射内疚;(2)外在心理获益——免于内疚;(3)内在社交获益——"亲爱的""此外还有""大吵"及其他游戏;(4)外在社交获益——"法庭";(5)生理性获益——来自法官或陪审团的安抚;(6)存在性获益——抑郁的心理地位,我总是错的。

## 三、"性冷淡的女人"

**正题。** 这个游戏几乎总是婚姻游戏,因为很难想象一段非正式关系能够为性冷淡提供必要的机会和特权,也很难想象非正式关系能够在面对此问题时维持下来。

丈夫接近妻子,遭到拒绝。反复尝试后,他被妻子告知:所有男人都是野兽,他并不真的爱她,或者他并不爱真的她,他只对性感兴趣。他暂停一段时间,然后再次尝试,结果相同。最终,他放弃了,不再求爱。几周或几个月后,妻子变得越来越随便,有时会健忘。她会半裸地走过卧室,或者在洗澡时忘记拿干净的毛巾,因此他不得不拿给她。如果她玩激烈的游戏或者大量饮酒,可能还会在派对上与其他男人调情。最终,他对这些挑逗做出回应,再次尝试。又一次,他遭到拒绝。"大吵"游戏随即发生,涉及他们最近的行为、其他夫妻、他们双方父母、他们的财务问题、他们的失败,最终以摔门结束。

## 第七章 婚姻游戏

这一次,丈夫下定决心真正放弃,并决心找到一种无性的生活模式。几个月来,他对妻子衣冠不整的游走和忘记拿毛巾的行为都不予理睬。妻子随便的衣着和健忘越来越具有挑逗性,但他依然抗拒。然后,一天晚上,她真的主动靠近并吻了他。起初,他谨记自己的决心,并不回应;但很快,本能在长期饥渴后开始自然发展。这一次,他相信自己一定能成功。他的初步尝试性接近没有遭到拒绝,于是变得越来越大胆。就在关键时刻,妻子后退并且哭喊起来:"看吧,我告诉过你什么!所有男人都是野兽,我想要的只是感情,但你感兴趣的只有性!"接下来,"大吵"游戏发生,这次会跳过有关他们的行为和双方父母的初级阶段,直接进入财务问题。

需要注意的是,尽管丈夫在抗议,但通常,他对性亲密的害怕程度不亚于妻子。他仔细选择伴侣以减少过度使用其干扰能力的风险,现在,他可以把责任推到她的头上了。

不同年龄的未婚女士都会玩这个游戏的"日常"版本,并会很快为她们赢得一个共同的绰号。对她们来说,这个游戏常常并入"义愤填膺(Indignation)"或"挑逗"游戏。

**反题。** 这是一个危险的游戏,反题可能同样危险。找一个情妇就像一场赌博。在竞争的刺激下,妻子也许会放弃游戏,尝试开启正常的婚姻生活,但也许已经太迟。另一方面,妻子可能利用外遇,在律师的帮助下攻击丈夫,玩"现在我可逮着你了,你这混蛋"的游戏。若丈夫单方面接受心理治疗,结果同样不可预知。随着丈夫变得更强大,妻子的游戏可能瓦解,做出更健康的调整;但假如她是一个顽固的玩家,丈夫的改善可能会导致离婚。如果可能,最佳解决方案是双方一同参加沟通分析团体治疗,在这里,游戏的潜在获益和主要的性异常都会暴露出来。带着这种准备,配偶双方可能对进行深入的个体心理治疗变得更有兴趣。这可能带来心理上的再婚。如果不是这样,至少也能让每一方对当下的状况做出比之前明智的调整。

针对该游戏的日常版,正派的反题是寻找其他社交伙伴。更狡猾或更兽性的反题是实施不道德的行为，甚或是犯罪。

**相关游戏。** 对应的游戏——"性冷淡的男人"——并不常见。不过，其整体过程基本相似，只是在细节上有些变化。最终结局取决于双方的脚本。

"性冷淡的女人"的关键点是结束阶段的"大吵"。"大吵"一旦自然发展，性亲密就毫无可能，因为双方都从"大吵"中获得了反常的满足感，彼此都不需要进一步的性兴奋。因此，要对抗"性冷淡的女人"这个游戏，最重要的点在于避免"大吵"，这将使妻子处于性不满足的状态。这种不满足可能非常强烈，从而使她变得更顺从。利用"大吵"可以区分"性冷淡的女人"和"爸爸打我（Beat Me Daddy）"。对后者而言，"大吵"只是前戏；在"性冷淡的女人"中，"大吵"代替了性行为本身。因此，在"爸爸打我"中，"大吵"是性行为的条件，类似于增强兴奋的迷恋物；而在"性冷淡的女人"中，"大吵"一旦发生，则意味着这段插曲的结束。

"性冷淡的女人"的童年版上演于狄更斯（Dickens）在《远大前程》（*Great Expectations*）中描述的一个神经质的小女孩身上。她穿着僵硬的裙子出场，让小男孩给她做一个泥巴馅饼。然后，她嘲笑他脏兮兮的双手和衣服，并声称自己有多么干净。

### 分析

- **正题**：现在我可逮着你了，你这混蛋。
- **目的**：证明无罪。
- **角色**："正派的妻子"和"不体谅的丈夫"。
- **心理动力**：阴茎妒忌。
- **范例**：（1）谢谢你的泥巴馅饼，你这个脏男孩；（2）挑逗的、性冷淡的妻子。
- **社交层面的沟通**："父母"——"儿童"。

"父母"："我允许你给我做泥巴馅饼（吻我）。"

"儿童":"我愿意。"

"父母":"现在看看你多脏。"

- **心理层面的沟通**:"儿童"—"父母"。

"儿童":"看看你能不能诱惑我。"

"父母":"我会试试,就算你阻止我。"

"儿童":"看,是你先开始的。"

- **行动**:(1)引诱—回应;(2)拒绝—放弃;(3)挑逗—回应;(4)拒绝—"大吵"。

- **获益**:(1)内在心理获益——避免因施虐幻想而产生的内疚;(2)外在心理获益——避免恐怖的暴露和插入;(3)内在社交获益——"大吵";(4)外在社交获益——你能拿脏兮兮的男孩(丈夫)怎么办呢?(5)生理性获益——抑制的性活动,好战的交流;(6)存在性获益——我很纯洁。

## 四、"疲惫不堪"

**正题。** 这是疲惫不堪的主妇玩的游戏。她的处境要求她精通10~12种工作;换句话说,她需要得体地扮演10~12种角色。报纸的周日增刊时不时半戏谑地列出这些职业或角色:女主人、母亲、护士、女佣等。由于这些角色经常相互冲突且令人疲惫,随着时间积累,这些不公平的负担会导致以"主妇的膝盖"为象征的病症(因为她们的膝盖需要承受摇晃、擦洗、举重物、驾驶等负荷),该病的症状可简洁地概括为"我太累了"的抱怨。

现在,如果这位主妇能够自己掌握节奏,并能够从关爱丈夫与孩子中获得足够满足,她就不仅仅是在提供服务,而是在享受25年的人生,看着最小的孩子离家上大学,她会体验到一阵孤独。但如果是另一种情况,她受内在"父母"的驱使,被她所选择的苛责的丈夫责问(这正是她选择他的原因),也不能从关爱家人中获得足够的满足,她就会越来越不开心。起初,她还能通过"要不是因为你"和"瑕疵（Blemish）"的获益来自我安慰（确实，当事情变得愈发艰难时，每个主妇都会求助于这些游戏）；但很快，这些都无法使她坚持下去了。她必须找到其他出路，这就是"疲惫不堪"游戏。

这个游戏的主题很简单。她承担遭遇的一切，甚至还要求更多。她同意丈夫的批评，答应孩子们的所有要求。如果要招待客人吃晚餐，她感觉自己不仅需要无可挑剔地充当谈话者、家中的女主人和女佣、室内装饰师、承办酒席之人、迷人的姑娘、纯贞的女王和外交官，还要自愿在当天早上烘焙蛋糕和送孩子们去看牙医。她如果已经疲惫不堪，就会让这一天更加疲惫不堪。到了下午时分，她理所当然地倒下了，什么都没做。她让丈夫、孩子和客人都失望了，她的自责也加剧了她的痛苦。类似的情况发生过两三次后，她的婚姻也处于危险状态，孩子们感到很困惑，她的体重下降、头发凌乱、面容憔悴、鞋子磨坏。接着，她会出现在精神科医生的诊室，准备住院。

**反题**。　逻辑上的反题很简单：怀特夫人可以在一周内逐个扮演这些角色，但必须拒绝同时扮演两种及两种以上角色。例如，她要举办一场鸡尾酒会，要么扮演承办酒席之人，要么扮演女佣，但不能同时扮演这两个角色。如果她只是患有"主妇的膝盖"，也许可以用这种方式限制自己。

然而，如果她真是在玩"疲惫不堪"的游戏，那么对她来说，坚持这一原则会非常困难。在这种情况下，她会仔细挑选丈夫；他是一个在其他方面都很通情达理的人，但如果妻子不像他想象中的母亲那样高效，他就会批评她。实际上，她嫁给了他对母亲的幻想，这种幻想持续存在于他的"父母"中，与她对自己的母亲或祖母的幻想类似。找到合适的伴侣后，她的"儿童"就可以进入疲惫不堪的角色。这个角色对维持她的心理平衡非常必要，没有那么容易放弃。丈夫的工作责任越多，他们二人就越容易找到"成人"的理由，维持关系中不健康的方面。

当这种状况不再站得住脚时，通常是由于学校为了其不开心的子女做出了官方干预。精神科医生被请来帮忙，形成了三人游戏。要么丈夫希望

## 第七章　婚姻游戏

医生对妻子进行彻底检修，要么妻子希望医生与自己一起对抗丈夫。之后发生的事取决于精神科医生的技巧和警觉性。在第一阶段，通常进展顺利，妻子的抑郁得以缓解。在第二阶段，她将放弃"疲惫不堪"的游戏，改玩"精神病学"的游戏。这是具有决定性的阶段，因为它很容易唤醒并强化双方的对立。有时，这种对立隐藏得很好，然后会突然爆发，尽管这并非全无预兆。如果能够经得住这个阶段的风雨，就可以真正开始游戏分析的工作。

我们必须认识到，真正的罪魁祸首是妻子的"父母"，即她的母亲或祖母；丈夫在某种程度上只是一个傀儡，被选中扮演他的角色。治疗师不仅要与妻子的"父母"和深度卷入游戏的丈夫做斗争，还要与鼓励妻子顺从的社会环境做斗争。在有关主妇必须扮演多少种角色的文章发表后的那周，周日的报纸又刊出了名为"我做得怎么样？"（How'm I Doing？）的测试：用10个题目判定"你是一个多好的女主人/妻子/母亲/主妇/预算师？"。对于玩"疲惫不堪"的主妇来说，这些测试相当于儿童玩具附带的小册子，说明了规则。它可能加速"疲惫不堪"游戏的演进，若不加遏止，最终可能以"公立医院（State Hospital）"的游戏（"我最不想要的就是被送进医院"）结束。

对于这样的夫妻，有一个实际的困难，即丈夫除了玩"看我正多努力（Look How Hard I'm Trying）"外，还倾向于回避治疗，因为他的实际困扰程度通常比他愿意承认的水平高。相反，他会通过脾气爆发来间接地向治疗师传递信息，因为他知道妻子一定会告诉治疗师。因此，"疲惫不堪"很容易发展为在"生-死-离婚"间挣扎的三度游戏。精神科医生几乎总是独自处于"生"这一方，帮助他的唯有"疲惫不堪"的患者的"成人"。患者的"成人"联合自己内在的"父母"和"儿童"，困在与丈夫的三种自我状态的致命斗争中。这是一场激烈的战斗，胜算是2：5。这场战斗对最能脱离游戏、最专业的治疗师的技能进行了测试。如果治疗师胆怯了，他可以采用最容易的脱身方法，将患者交至离婚法庭。当他这样做了时，相当于在说："我投降了，你来和他斗吧。"

## 五、"要不是因为你"

**正题。** 第五章已对该游戏进行了详细分析。从历史的角度讲，这是继"你为什么不……是的，但是……"游戏后发现的第二个游戏。在这之前，人们只是将"你为什么不……是的，但是……"视为一种有趣的现象。随着对"要不是因为你"的发现，这才明显必定是以隐蔽沟通为基础的整套社交行为。这促使我们更积极地寻找此类奇怪的举动，本书中的游戏汇编便是成果之一。

简单来说，一个女人嫁给了一个专横的男人，于是他限制她的活动，从而使她避免进入恐惧的情境。如果这是一个简单的操作，她会在他为她提供服务时表达感激。而在"要不是因为你"游戏中，她的反应截然相反：她利用这种情况抱怨伴侣的限制，使他感到不安，并带给她各种获益。内在社交获益就是这个游戏。外在社交获益是衍生的消遣——"要不是因为他"，她会与自己意气相投的女性朋友一起玩。

## 六、"看我已经多努力了"

**正题。** 该游戏最常见的"临床"形式是一对夫妇和一位精神科医生共同玩的三人游戏。（通常是）丈夫千方百计地想离婚，却表现得相反，大声抗议离婚，妻子则更真诚地想要继续婚姻。他极不情愿地来见治疗师，谈到刚好可以向妻子表明他正在配合的程度；他通常玩较温和的"精神病学"或"法庭"游戏。随着时间推移，他要么对治疗师表现出越来越多的带有怨恨的假意顺从，要么表现出更多的好斗好辩。在家里，他起初表现出了更多的"理解"和克制，但最后表现得比以前还糟。在1次、5次或10次会面后（取决于治疗师的技巧），他拒绝再来，转而去打猎或钓鱼。然后，妻子不得不申请离婚。现在，丈夫无可指责，因为离婚是妻子主动提出的，而且他通过见

## 第七章 婚姻游戏

治疗师表明了自己的诚意。他处于可以向任何律师、法官、朋友或亲属说"看我已经多努力了！"的好位置。

**反题**。夫妻双方需要与治疗师一起会面。如果其中一方——我们假设是丈夫——明显在玩这个游戏，那么另一方可以去接受个体治疗，玩家则可以继续按自己的路线发展，这样安排的理由是他还没有做好接受治疗的准备。他仍旧可以离婚，但代价是放弃宣称自己真的在努力的好位置。如果有必要，妻子也可以提出离婚，她的位置会得到明显改善，因为她真的努力过。最理想、最令人期待的结果是丈夫的游戏被打破，进入绝望状态，然后怀着真实的动机向另一位治疗师寻求治疗。

该游戏的"日常"版本很容易从孩子身上观察到，他会与父母之一玩双人游戏。这个游戏基于两种心理地位："我很无助"或"我没错"。孩子努力尝试，但搞砸了或没有成功。如果他很无助，父母就必须帮他做。如果他没有错，父母就没有惩罚他的理由。这就揭示了游戏的元素。父母应该搞清楚两点：他们中的谁教会了孩子这个游戏；他们是如何使这个游戏持续下去的。

该游戏有一个有趣的变体"看我曾多努力（Look How Hard I was Trying）"，但有时很危险。这个游戏通常是更为严重的二度或三度游戏。我们可以用一个患有胃溃疡的、努力工作的男性的例子来说明。很多人患有渐进性躯体疾病，他们尽最大的努力应对这种状况，并以合理的方式获得家人的支持。不过，这些症状也可能为了隐藏的目的而被加以利用。

一度：一位男士告诉妻子和朋友他患了胃溃疡。他也让他们知道自己在继续工作。这赢得了他们的钦佩。也许对一个患有令人不愉快的病痛的人来说，有资格炫耀一下可以作为对自己的痛苦的一点补偿。他没有玩"木头腿"，还在继续履行自己的责任，应该给予适当的称赞。在这种情况下，对"看我正多么努力"最为礼貌的回应是"是的，我们都钦佩你的坚韧和责任心"。

二度：一位男士得知自己患上了胃溃疡，却保守秘密，不告诉妻子和朋友们。他继续像以前一样努力工作和操心。一天，他病倒在岗位上。妻子接到通知时，就立刻接收到了"看我曾多努力"的信息。现在，她被期望前所未有地感激他，并为她过去说过和做过的刻薄的事感到内疚。简而言之，之前，他向她求爱的所有方式都失败了，现在她应该爱他。对丈夫而言，不幸的是，她现在展现出来的情感和关怀更多的是出于内疚，而非爱。在内心深处，她可能心怀怨恨，因为他通过隐瞒病情，不公平地利用了她。简而言之，一个钻石手镯与一个穿孔的胃相比，前者才是更真诚的求爱方式。她可以选择将珠宝扔回给他，却无法体面地对溃疡置之不理。突如其来的严重疾病更可能让她感到被困住，而不是被争取到。

在患者得知自己可能患有渐进性疾病的那一刻，游戏就可以被发现。如果他打算玩这个游戏，在那一刻，整个计划可能已经在他的脑海里闪现。对当时的情况进行仔细的精神病学检查，可以发现他的计划。我们可以发现，隐藏在"成人"对疾病引发的现实问题的担忧下，他的"儿童"在得知自己获得了这样一件武器时却沾沾自喜。

三度：更危险、更怀恨在心的游戏是由于严重的疾病导致的突然的、未预料到的自杀。胃溃疡已发展成癌症，妻子从未被告知有什么严重的事情正在发生。一天，她走进浴室，发现丈夫已自杀身亡。遗言已经说得很清楚，"看我曾多努力"。如果类似的事情在一位女性身上发生了两次，那么对她来说，是时候看看自己在玩什么游戏了。

### 分析

- **正题**：我不能任他们摆布。
- **目的**：证明无罪。
- **角色**："立场坚定者""迫害者"和"权威"。
- **心理动力**：肛门期被动攻击。
- **范例**：(1) 孩子穿衣服；(2) 夫妻谋求离婚。

- **社交层面的沟通**:"成人"—"成人"。

  "成人":"是时候穿好衣服/去见心理治疗师了。"

  "成人":"好的,我会试试。"

- **心理层面的沟通**:"父母"—"儿童"。

  "父母":"我让你穿上衣服/去见心理治疗师。"

  "儿童":"看吧,这没用。"

- **行动**:(1) 建议—抵抗;(2) 施压—顺从;(3) 赞同—失败。
- **获益**:(1) 内在心理获益——免于因攻击而产生的内疚;(2) 外在心理获益——逃避家庭责任;(3) 内在社交获益——"看我已经多努力了";(4) 外在社交获益——同上;(5) 生理性获益——好战的交流;(6) 存在性获益——我很无助(我没错)。

## 七、"亲爱的"

**正题。** 这个游戏在婚姻团体治疗早期阶段体现得淋漓尽致,这时,每方都有防御感;它也可见于社交场合。怀特在讲趣闻逸事的伪装下,对怀特夫人做出了不易察觉的批评,并在结束时说:"没错吧,亲爱的?"怀特夫人倾向于因为两个表面的"成人"理由表示同意:(1)这个趣闻逸事讲述得基本准确,反驳一些次要的细节(但实际是沟通的关键点)显得吹毛求疵;(2)在公共场合反驳称自己为"亲爱的"的男人显得很无礼。但是,她表示同意,心理层面的原因是她抑郁的心理地位。她之所以嫁给他,正是因为她知道他会为她提供服务:暴露她的缺点,可以避免她自己暴露时的难堪。小时候,父母就是这样对她的。

继"法庭"游戏之后,这是婚姻团体中最常见的游戏。情况越紧张,游戏越接近暴露,"亲爱的"这个词的发音就越含怨恨,直到潜藏的怨恨变得很明显。经过仔细地考量,可以看到,这个游戏是"笨手笨脚的人"的相关游戏,因为其中一个重要的行为是怀特夫人暗中原谅了怀特先生的怨恨。对于他的怨恨，她努力不去觉察。因此，对抗"亲爱的"的方法与对抗"笨手笨脚的人"的方法类似："你可以讲述批评我的趣闻逸事，但请不要叫我'亲爱的'。"这个反题与"笨手笨脚的人"的反题带有相同的危险性。更老练且更不危险的反题是回答说："是的，'宝贝'！"

另一种形式是妻子不会表示同意，而是会以类似"亲爱的"的方式讲丈夫的趣闻逸事，实际是在说："你的脸也不干净，亲爱的。"

有时，"亲爱的"并没有真正说出来，但细心的倾听者即使在它们未被说出时，也可以听出来。这便是沉默型"亲爱的"。

── 参 考 文 献 ──

[1] Bateson, G., et al., Toward a Theory of Schizophrenia, *Behavioral Science*. 1: 251-264, 1956.

第八章

聚会游戏

人间游戏——冲破社交陷阱的人际沟通分析

聚会是为了消遣，消遣是聚会的主要活动（包括团体会议正式开始前的一段时间），不过，随着彼此熟识，游戏开始显现。"笨手笨脚的人"及其受害者能够认出彼此，就像"大人物（Big Daddy）"和"可怜的我（Little Old Me）"可以相互识别一样①；所有熟悉但无意识的人际筛选过程展开。这个部分讨论了一般社交情境中的四个典型游戏："这难道不糟糕（Ain't It Awful）""瑕疵（Blemish）""笨手笨脚的人（Schlemiel）"和"你为什么不……是的，但是……（Why Don't You–Yes But）"。

## 一、"这难道不糟糕"

**正题。** 它有四种重要形式："父母"的消遣、"成人"的消遣、"儿童"的消遣和游戏。消遣不包含终场或结局，但会产生很多无价值的感受。

1. "现如今（Nowadays）"是自以为是的、惩罚的、甚至是恶毒的"父母"的消遣。从社会学角度，它在某些有少量独立收入的中年女性群体中很常见。一位这样的女士退出了治疗团体，因为她的开场行动得到的是沉默，而不是在自己的社交圈中习惯的热切回应。这是一个熟悉游戏分析的有经验的团体，在怀特进行以下评论时，明显缺乏与之团结的气氛，"说到不信任别人，现如今怪不得你不能信任任何人。我之前查看一位

---

① 英文 Big Daddy 和 Little Old Me 都是俚语。前者指掌权者，重要的人物；后者是对自己带有贬低意味的说法，old 虽然本义为老的，但在这里与年龄无关。——译者注

## 第八章 聚会游戏

租户的桌子，你们不会相信我发现了什么。"对当下大部分社会问题，她都知道答案：少年违法犯罪（现如今，父母太温和了）；离婚（现如今，妻子没有足够的事做，忙不起来）；犯罪（现如今，外国人搬进了白人居住区）；物价上涨（现如今，商人太贪婪了）。她明确表示，自己不会对违法的儿子手软，也不会对违法的租户手软。

"现如今"和说闲话不同，区别在于前者的口号"怪不得"。二者的开场行为可能相同（"他们说弗洛茜·穆加特罗伊德……"），但"现如今"包括明确的方向和结束，并可能提供"解释"。说闲话只是漫谈或不了了之。

2. "破损的皮肤（Broken Skin）"是更能展示仁慈的"成人"的消遣，口号是"真可惜！"。不过，潜藏的动机同样病态。"破损的皮肤"主要涉及流血；本质上属于非正式临床讨论会。每个人都有资格报告案例，越可怕越好，细节遭到热切的关心。迎面而来的重击、腹部手术和难产都是可被接受的话题。它们和说闲话的差别在于竞争性和手术的复杂性。病理解剖、诊断、预后和案例比较是有系统地进行的。如果是说闲话，人们能够接受良好的预后，但如果是"破损的皮肤"的消遣，除非带有明显的不诚恳，否则始终对前景持乐观态度会导致"资格审查委员会"召开秘密会议，因为这个玩家"不愿共谋"。

3. "饮水机旁（Water Cooler）"或"咖啡时间（Coffee Break）"是"儿童"的消遣，口号是"看看他们正在对我们做什么"。这是组织机构中的变体。天黑后，可以用玩这个消遣的更温和的政治或经济版本，称作"酒吧高脚凳（Bar Stool）"。它实际是三方消遣，"他们"通常是处于暗处的、手持王牌的人物。

4. 作为游戏，"这难道不糟糕"在多次手术成瘾者身上表现得最为戏剧化，他们的行为方式展示了该游戏的特点。他们是"四处求医的人"①，即便

---

① 指拜访多位医生以取得多张处方的人。他们这样做是为了非法使用药物，或想听到自己想听的医学意见。成瘾者、疑病症患者等可能会这样做。——译者注

面对医生合理的反对,依然积极寻求做手术。住院和手术本身就可以带来获益。内在心理获益来自身体受损;外在心理获益是除了完全服从外科医生外,回避了其他所有亲密和责任。典型的生理性获益是得到护理。内在社交获益来自医疗和护理人员及其他患者。患者出院后,外在社交获益可以通过引发他人的同情和敬畏获得。该游戏最极端的形式出自职业玩家,他们是欺诈者或责任判定后的索赔者和治疗不当的索赔者,他们通过故意或寻找机会令自己致残来谋生。因此,他们不仅像业余玩家那样索要同情,还索要赔偿。这样,"这难道不糟糕"就成了游戏,玩家表面表达痛苦,暗地里却因为能从自己的不幸中设法获取满足而高兴。

一般来说,遭受不幸的人可以分为三种类型。

1. 由疏忽导致痛苦的人,他们不想要痛苦。他们可能会利用,也可能不会利用他人很乐意提供的同情。即使有所利用,也相当自然,并带着通常的礼貌。
2. 由疏忽导致痛苦的人,但对此心怀感激,因为它提供了可以利用的机会。这里的游戏是事后的想法,从弗洛伊德的角度来说,是"二级获益"。
3. 主动寻求痛苦的人,就像多次手术成瘾者,一个接一个找外科医生,直到有人愿意给他们做手术。这里首先要考虑的就是游戏。

## 二、"瑕疵"

**正题**。 日常生活中很大比例的琐碎争吵都源于这个游戏;该游戏源于抑郁的"儿童"的心理地位——"我不好",它被防御性地转化为"父母"的心理地位——"他们不好"。之后,玩家在沟通中遇到的问题就证明了后一

## 第八章 聚会游戏

个论断。因此,"瑕疵"玩家新认识某人,在找到对方的缺点前,都感觉不舒服。该游戏最激烈的形式是,具有独裁主义人格特征的人玩的极权主义政治游戏,它将带来严重的历史后果。它与"现如今"的关系显而易见。在城郊社群中,人们通过"我做得怎么样(How'm I Doing)"获得积极的安心,而"瑕疵"提供的是消极的安心。下面的部分分析可以让这个游戏的某些元素更加清晰。

挑剔的内容从最琐碎、最无关紧要的事("去年的帽子款式"),到最挖苦的事("银行里只有不到7000美元")、最灾难性的事("不是百分之百的雅利安人①")、最深奥难懂的事("没读过里尔克②")、最亲密的事("很难坚持勃起")或最复杂的事("他试图证明什么?")都有。从心理动力学的角度来看,它通常基于对性的不安全感,目的在于安心。从沟通分析的角度来看,其中涉及窥探隐私、病态的好奇或警觉,有时是用"父母"或"成人"慷慨的关心来掩盖"儿童"的喜好。该游戏的内在心理获益是避开抑郁,外在心理获益是躲开可能会暴露怀特自身缺点的亲密关系。怀特觉得拒绝一个很土的女人、一个没有经济实力的男人、一个非雅利安人、一个文盲、一个阳痿的男人或一个缺乏安全感的人是理所当然的。与此同时,窥探隐私又给他提供了一些带有生理性获益的内在社交获益。外在社交获益属于"这难道不糟糕"一族,即邻居型"这难道不糟糕"。

另一个有趣的现象是,怀特选择挑剔的内容与他的智商或者表现出的老练并无关联。因此,一位曾在本国外交部门担任过职务的男性告诉听众,另一个国家是下等国家,先不说别的,就因为他们的男性穿的夹克袖子太长

---

① 雅利安人(Aryan)是史前时期居住在伊朗和印度北部的一个民族。在19世纪,由于戈宾诺伯爵及H. S. 纪伯伦的极力鼓吹,出现过一种"雅利安人种"比其他种族"高贵"的说法。这种说法已被大多数人类学家否定,却被希特勒利用,并成为纳粹对犹太人、吉卜赛人以及其他一切非"雅利安人"采取灭绝政策的依据。——译者注

② 赖内·马利亚·里尔克(Rainer Maria Rilke,1875—1926),奥地利诗人,代表作有《祈祷书》《新诗集》《杜伊诺哀歌》等。——译者注

了。他处于"成人"时非常能干，只有在玩诸如"瑕疵"这样的"父母"游戏时，谈及的内容才会如此无意义。

## 三、"笨手笨脚的人"

**正题**。 这里的"schlemiel"并不是指夏米索（Chamisso）①的小说[1]中的男主人公，那个没有影子的男人，而是犹太意第绪语中的一个常用词，与德语与荷兰语中的狡猾一词相似。"笨手笨脚的人"的受害者类似保罗·德·科克（Paul de Kock）笔下"好脾气的家伙"[2]，俗称"倒霉的笨蛋（Schlemazl）"。在典型的"笨手笨脚的人"的游戏中，行动如下：

1W. 怀特将一高杯的酒溅到女主人的晚礼服上。

1B. 布莱克（男主人）的第一反应是生气，但他（通常只是模糊地）感觉到，如果他表现出生气，怀特就赢了。因此，布莱克控制住了自己，这给了他一种赢了的错觉。

2W. 怀特说："对不起。"

2B. 布莱克小声或大声地表示原谅，增强了他以为自己赢了的错觉。

3W. 然后，怀特继续破坏布莱克的物品。他打碎东西，溅出东西，制造各种各样的混乱。在香烟烫坏桌布，椅腿刺穿蕾丝窗帘，肉汁撒到地毯上后，怀特的"儿童"非常兴奋，因为他在做这些事时非常开心，并且这一切都得到了原谅。而布莱克也因自我控制而对自己的表现感到满意。因此，他们两人都从这个不幸的情境中获得了好处，布莱克并不一定急于终止这段友谊。

---

① 阿德尔伯特·冯·夏米索（Adelbert von Chamisso），德国作家。其短篇小说《彼得·施莱米尔的神奇故事》（*Peter Shlemiel: wundersame Geschichte*）讲述了男主人公施莱米尔（Schlemiel）把自己的影子卖给恶魔的故事。——译者注

第八章　聚会游戏

和大部分游戏一样，发起第一个行动的怀特无论怎样都会赢。如果布莱克表达愤怒，怀特就觉得有理由回之以怨恨。如果布莱克控制自己，怀特就会继续伺机享乐。不过，该游戏真正的结局并不是破坏的快乐，这对怀特而言，只不过是额外的收获，真正的结局是他获得了原谅的事实。*这直接导向该游戏的反题。

**反题。** 对抗"笨手笨脚的人"这个游戏的做法是不给予其想要的谅解。怀特说完"对不起"后，布莱克不是小声说"没关系"，而是要说："今晚你可以让我妻子难堪，破坏家具，弄脏地毯，但请不要说'对不起'。"这时，布莱克从宽容的"父母"转换到客观的"成人"，对起初邀请了怀特承担全部责任。

怀特的游戏的激烈程度可以通过他的回应展现。他的回应可能颇具爆发性。对抗"笨手笨脚的人"的人面临直接被报复的风险，或者至少面临树敌的风险。

孩子们会以失败的方式玩"笨手笨脚的人"，因为他们并非总能得到原谅，但至少可以从制造混乱中获得快乐；不过，在他们学会为人处世后，就能随着自己愈发老练而在这个游戏中获得原谅。这个游戏主要发生在礼貌的成人社交圈中，其主要目标就是获得原谅。

### 分析

- **正题**：我可以搞破坏，并仍旧能够获得原谅。
- **目的**：获得宽恕。
- **角色**："攻击者"和"受害者"（俗称，"笨手笨脚的人"和"倒霉的笨蛋"）。
- **心理动力**：肛欲攻击。
- **范例**：(1) 乱糟糟地搞破坏的孩子；(2) 笨拙的客人。
  - **社交层面的沟通**："成人"——"成人"。

---

\* 这个游戏和下一个游戏的例子都沿用了作者在之前的《心理治疗中的沟通分析》一书中的例子。

"成人":"因为我很有礼貌,你也必须有礼貌。"

"成人":"好的。我原谅你。"

- **心理层面的沟通**:"儿童"——"父母"。

"儿童":"你必须原谅意外的发生。"

"父母":"你说得对。我必须向你展示一下什么是有礼貌。"

- **行动**:(1)激惹—怨恨;(2)道歉—原谅。
- **获益**:(1)内在心理获益——搞得乱七八糟的快乐;(2)外在心理获益——避免惩罚;(3)内在社交获益——"笨手笨脚的人";(4)外在社交获益——"笨手笨脚的人";(5)生理性获益——挑衅的和温和的安抚;(6)存在性获益——我无可指责。

## 四、"你为什么不……是的,但是……"

**正题**。"你为什么不……是的,但是……"在游戏分析中占有特殊地位,最初正是受它的启发,才产生了游戏这个概念。它是从社交背景中剖析出的第一个游戏,由于它是最早的游戏分析对象,因此也是目前理解得最透彻的游戏之一。它也是各式团体和聚会中最常见的游戏,包括心理治疗团体在内。以下案例可以展示它的主要特征。

怀　特:"我丈夫总是坚持自己修东西,但他从来没修好过任何东西。"

布莱克:"他为什么不去上木工课?"

怀　特:"是啊,但是他没有时间。"

布　鲁:"你为什么不给他买几样好工具?"

怀　特:"是啊,但他不知道怎么用。"

瑞　德:"你为什么不请一个木匠来修?"

怀　特:"是啊,但太贵了。"

第八章　聚会游戏

布　　朗："你为什么不能接受他按自己的做法做出来的东西呢？"
怀　　特："是啊，但一切都可能倒塌。"

这种交流后通常会跟着沉默。最终，沉默被格林打破，她可能说了类似的话："这就是男人，他们总是试图展示自己有多能干。"

"你为什么不……是的，但是……"游戏的人数不限。当事人提出一个问题，其他人开始提供解决方法，每个人都以"你为什么不……"开始。对于每个方法，怀特都以"是的，但是"表示拒绝。一个厉害的玩家可以无限地抵挡他人的建议，直到他们放弃，这样，怀特就赢了。在多数情况下，她可能需要应对十多个建议才能制造出挫败的沉默，显示出她的胜利。在上述沟通模式中，沉默为下一个游戏留出了场地，格林转而玩失职丈夫型"家长会"。

除了极少数例外，解决方法都被拒绝了，显然，该游戏必定服务于某种隐藏的目的。玩"你为什么不……是的，但是……"并不是为了表面的目的（"成人"寻求信息或解决方法），而是为了让"儿童"安心和满意。仅看文字，似乎是"成人"，但在真实情景下可以观察到怀特呈现出的是"儿童"，不足以应对遇到的情况；其他人则转入睿智的"父母"，急于为她着想，分享自己的智慧。

这呈现在图8中。该游戏之所以可以发生，是因为在社交层面上，刺激和回应都是"成人"对"成人"的，而在心理层面上，它们也是互补的，"父母"向"儿童"发出刺激（"你为什么不……"），引发"儿童"对"父母"的回应（"是的，但是……"）。双方在心理层面通常都是无意识的，但警觉的观察者可以通过姿势、肌肉紧张度、声音和用语的变化发现双方自我状态的转换（怀特从"成人"转为能力不足的"儿童"，其他人则从"成人"转换为"睿智的父母"）。

为了说明这个游戏的含义，跟进上述案例非常有益。

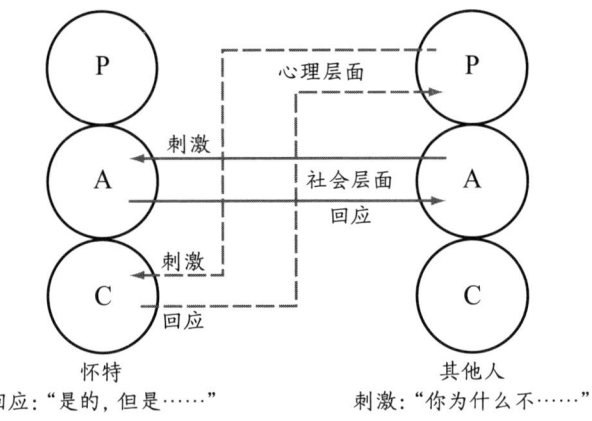

图8 "你为什么不……是的,但是……"

治疗师:"有没有人提了你自己没有想到的建议?"
怀　特:"没有。事实上,她们提出的所有建议我几乎都试过了。我的确给丈夫买过一些工具,他也的确上过木工课。"

在这里,怀特表达了两个不能从表面对待她的行为的原因。首先,在大多数情况下,怀特与在座的其他人一样聪明,其他人能想到的方法,她不太可能想不到。假如有人碰巧提出了一个新颖的建议,如果怀特是在公平地游戏,就会感激地接受;也就是说,如果有人提出了足够有创意的想法,激发了她的"成人",她的能力不足的"儿童"就会让路。但"你为什么不……是的,但是……"的习惯性玩家,比如上面的怀特,很少公平地游戏。另外,太容易接受建议也有问题,即"你为什么不……是的,但是……"是否在掩盖潜藏的"愚蠢(Stupid)"游戏。

这个例子非常戏剧化,因为它清晰地表明了第二个原因。即使怀特实际已经尝试过其中一些方法了,她仍旧反对它们。因此,这个游戏的目的不是获得建议,而是拒绝它们。

在适当的情况下,几乎每个人都会玩这个游戏,因为它具有结构化时间的作用。仔细研究特别喜欢玩这个游戏的个体,可以发现一些有趣的特征。

## 第八章 聚会游戏

首先，他们的特点是能够扮演游戏中任何一方的角色。这种角色的可转换性在所有游戏中都存在。玩家可能习惯性地更喜欢某个角色，但他们也能转换，出于某些原因，他们也愿意扮演同一个游戏中的另一个角色（类似的情况包括在"酒鬼"游戏中从"酒鬼"转换为"拯救者"）。

其次，临床实践发现，喜欢玩"你为什么不……是的，但是……"的人属于最终会要求用催眠或注射某种催眠药物来加速治疗的患者类型。他们玩这个游戏，目标就是证明没人能给他们足够好的建议——他们永远不会屈服；然而他们又要求治疗师将自己置于完全屈服的状态。因此，很明显，针对是否要屈服的冲突，"你为什么不……是的，但是……"代表了一种社交性解决方案。

更具体地说，该游戏在恐惧脸红的人中很常见，就像以下治疗对话显示的那样。

治疗师："如果你知道'你为什么不……是的，但是……'是一个骗局，为什么还要玩？"

怀　特："如果我和某人说话，必须不停地想自己要说什么。如果我不这样做，就会脸红。除非是在黑暗中。我没法忍受安静。我知道自己是这样的，我丈夫也知道。他总是这样告诉我。"

治疗师："你的意思是，如果你的'成人'不保持忙碌，你的'儿童'就会趁机跳出来让你感觉尴尬？"

怀　特："就是这样。所以如果我一直给别人建议，或者让对方给我建议，我就没事，我是受保护的。只要我可以让'成人'掌控，就可以延迟尴尬。"

在这里，怀特清晰地表明，她害怕缺乏结构的时间。在社交情境中，只要她的"成人"保持忙碌，就可防止"儿童"登场，游戏为"成人"的运转提供了适宜的结构。但是，这个游戏必须能够提供适当的动机，才能维持她的兴趣。她之所以选择"你为什么不……是的，但是……"，是受经济原则的影响：关于她的"儿童"是否要屈服的冲突，该游戏可以带来最大化的内在和外在获益。她可以用同样的热情扮演不能被支配的、机灵的"儿童"，或者试图支配他人"儿童"的睿智的"父母"，但都会失败。"你为什么不……是的，但是……"的基本原则是不接受任何建议，因此，"父母"永远不会成功。该游戏的座右铭是："不要惊慌，'父母'永远不会成功。"

总之，可以这么说，对怀特而言，每个行动都很好玩儿，每次拒绝建议本身都可以带来一丝愉悦，不过真正的结局是其他人绞尽脑汁，疲于想可被接受的解决方法后的沉默或被掩饰的沉默。对怀特以及其他人而言，沉默意味着她赢了，因为结果表明他们能力不足。如果这个沉默没有被掩饰，它可能会持续几分钟。在上面的例子中，格林缩短了怀特的胜利，因为她急于开始自己的游戏。正因如此，她才没有参与怀特的游戏。在当次团体的后续时间里，怀特因为格林缩短了她的胜利时间而表达了对格林的怨恨。

"你为什么不……是的，但是……"的另一个有趣的特点是外在和内在形式完全相同，只是角色恰好相反。在外在形式中，即在临床观察中，怀特的"儿童"在有很多人的场合出现，扮演能力不足的求助者。在其内在形式中，即在家中与丈夫玩的更亲密的双人游戏中，她的"父母"出现，扮演睿智的、富有能力的给予建议者。不过，这种反转通常是之后发生的。在恋爱期，她通常扮演无助的"儿童"的一面，只有在蜜月结束后，她的专横的"父母"才开始显现。随着婚礼临近，转换也偶有发生，但她的未婚夫太急于与她精心选择的新娘安定下来了，因此忽略了这些变化。如果他没有忽略，婚约可能因为一些"充分的理由"而取消。怀特会更加伤心地寻找下一个合适的伴侣，而不是变得更加明智。

**反题**　很明显，那些对怀特的第一个行动（呈现她的"问题"）做出回应的人，在玩一种叫作"我只是想帮你"的游戏。实际上，"你为什么不……

是的，但是……"和"我只是想帮你"恰好相对。在"我只是想帮你"中，一位治疗师面对一群来访者；在"你为什么不……是的，但是……"中，一位来访者面对一群"治疗师"。因此，"你为什么不……是的，但是……"在临床上的反题是不玩"我只是想帮你"。如果开场的形式是"如果……你会怎么做（What Do You Do If）"，建议的回应是："这的确是一个困难的问题。你打算怎么办？"如果游戏开场的形式是"X 没能解决问题（Didn't Work Out Properly）"，那么回应应该是"那的确很糟糕"。这两种回应都足够礼貌，并同时让怀特困惑不解，或至少引发交错沟通。这样，怀特的挫败感就会变得明显，并能够继续对此进行探索。在团体治疗中，对容易陷入"你为什么不……是的，但是……"的患者而言，当受到邀请时，克制玩"我只是想帮你"是很好的做法。这样一来，不仅是怀特，其他成员也能够从对抗"你为什么不……是的，但是……"中有所学习，对抗"你为什么不……是的，但是……"和对抗"我只是想帮你"是一回事。

在社交场合中，如果这个游戏友好无害，那么没有理由不参加。如果想尝试使用专业知识，实施反题行为就很有必要；但这种情况可能由于曝光了怀特的"儿童"而引发怨恨。在这些情况下，最好的做法是在游戏的开场行动时就逃开，转向一个更刺激的游戏——一度"挑逗"。

**相关游戏**。"你为什么不……是的，但是……"必须和它的颠倒游戏"你为什么……我也不想，但是……（Why Did You-No But，简称 YDNB）"相区分，在后者中，赢方是"父母"，防御的"儿童"最终困惑出局。同样，对话文字只是看似在寻求事实、理性、"成人"对"成人"。"你为什么……我也不想，但是……"和"此外还有"关系紧密。

与"你为什么不……是的，但是……"反向的游戏开始时与"乡下人（Peasant）"差不多。这时，怀特诱导治疗师给他提建议，并且马上接受，而不是拒绝。只有在治疗师深度卷入后，才会感知到怀特对他的突然攻击。起初看似是"乡下人"，最终以头脑上的"挑逗"游戏结束。这种转换的经典版本见于正统精神分析过程中从正向移情到负向移情的切换。

"你为什么不……是的,但是……"也可能以二度更为激烈的形式玩出来,即"至少为我做点什么(Do Me Something)"。例如,患者拒绝做家务,每天晚上等丈夫回家后,"你为什么不……是的,但是……"都会上演。不管他怎么说,她都情绪消沉地拒绝改变。在某些情况下,这种情绪消沉可能具有致命的危险,需要进行仔细的精神病学评估。不过,我们也对丈夫的游戏这一面进行了考虑,因为其中的疑问是,他为什么会选择这样一位伴侣,以及他对这种情况的持续起到了什么作用。

### 分析

- **正题**:看你是否能提出一个让我挑不出毛病的解决办法。
- **目的**:获得安心。
- **角色**:"无助的人"和"劝告者"。
- **心理动力**:关于屈服的冲突(口唇期)。
- **范例**:(1)是的,但是我现在没法做作业,因为……;(2)无助的妻子。
- **社交层面的沟通**:"成人"—"成人"。

  "成人":"如果……你会怎么办……"

  "成人":"你为什么不……"

  "成人":"是的,但是……"

- **心理层面的沟通**:"父母"—"儿童"。

  "父母":"我会让你感激我的帮助。"

  "儿童":"来试试啊。"

- **行动**:(1)问题—解决方案;(2)拒绝—解决方案;(3)拒绝—窘迫。
- **获益**:(1)内在心理获益——安心;(2)外在心理获益——避免屈服;(3)内在社交获益——"你为什么不……是的,但是……","父母"角色;(4)外在社交获益——"你为什么不……是的,但是……","儿童"角色;(5)生理性获益——理性讨论;(6)存在性获益——每个人都想支配我。

## ── 参 考 文 献 ──

[1] von Chamisso, Adelbert, *Peter Shlemiel*, Calder, 1957.

[2] 保罗·德·科克（Paul de Kock），19 世纪的剧作家和小说家，最著名的作品之一是《好脾气的家伙》(*A Good-Natured Fellow*)，关于一个放弃了太多东西的人。

# 第九章

## 性游戏

有一些游戏旨在利用或极力摆脱性冲动。实际上,这些游戏都是性本能的倒错。在这些游戏中,从关键沟通(游戏结局)中获得的满足代替了从性行为中获得的满足。这个观点不是总能得到有力的证明,因为此类游戏通常发生于私密领域,关于它们的临床信息只能间接获得;而且信息提供者的偏差不是总能得到令人满意的评估。例如,同性恋的概念存在很大的歪曲,因为更具攻击性和更成功的"玩家"并不经常寻求精神病学治疗,现有资料主要涉及被动的伴侣。

这类游戏包括:"你和他斗吧(Let's You and Him Fight,简称 LYAHF)""性倒错(Perversion)""挑逗(Rapo)""丝袜游戏(Stocking Game)"和"大吵(Uproar)"。在大部分情况下,发起者是女性。这是因为在性游戏最激烈的形式中,男性发起者濒临实施或已经实施犯罪行为,这类游戏归入黑社会游戏更合适。另一方面,性游戏和婚姻游戏存在部分重叠,但本章描述的游戏对未婚人士和已婚伴侣都适用。

## 一、"你和他斗吧"

**正题**。 这可能是一种策略,也可能是一种仪式或一种游戏。无论是哪种情况,本质上都是出于女性心理。由于"你和他斗吧"戏剧化的特性,它成为世界上许多文学作品的基础,这些文学作品既有优秀的,也有糟糕的。

1. 作为策略,它是浪漫的。一个女人使用计谋或为了考验对方,使两个男人打了起来，并暗示或许诺她会对胜利者以身相许。胜负已决后，她履行自己的承诺。这是坦诚的沟通，我们可以假定她与伴侣从此会幸福地生活在一起。

2. 作为仪式，它往往是悲剧性的。风俗要求两个男人为她而战，即便她不希望他们如此或者已经做出了自己的选择。如果是错误的男人获胜，她也必须接受。在这种情况下，设置"你和他斗吧"的不是她本人，而是她所处的社会。如果是她想设置这个仪式，那么沟通是坦诚的。如果她不愿意或对结果失望，那么最终结果会为她玩游戏提供很大的空间，例如"让我们欺骗乔伊（Let's Pull A Fast One on Joey）"。

3. 作为游戏，它是滑稽的。一位女士设置了一场较量，当两个男人打架时，她却和第三个人逃跑了。对她和她的伴侣而言，内在和外在心理获益源于这样一种观点：傻瓜才会诚实地竞争，他们经历的这个喜剧故事为内在和外在社交获益打下了基础。

## 二、"性倒错"

**正题。** 异性恋的性倒错，例如恋物癖、施虐癖和受虐癖，是困惑的"儿童"的症状，进行相应治疗就可以。不过，真实性活动情境下表现出的沟通问题可以借由游戏分析进行处理。游戏分析可能带来社交控制，这样一来，即使反常的性冲动并未改变，实际的放纵行为也可以被消除。

罹患轻度施虐或受虐障碍的人往往觉得自己的心理很健康，这是对"心理健康"的一种很原始的观点。他们觉得自己有强烈的性欲，长期禁欲会带来严重的后果。这些结论都不一定正确，但它们构成了"木头腿"游戏的基础。玩"木头腿"的人的借口是："对我这种性欲强烈的人，你能有什么期望呢？"

**反题。** 为了对自己及性伴侣展现常规的礼节，需要克制言语上或躯体上的鞭打，并将自己限制在更为常规的性交形式中。如果怀特是一名真正的性倒错者，这将暴露游戏的第二个元素，它常常清晰地呈现在他的梦中：他对性交本身没有多大兴趣，真正的满足来自带有羞辱性的前戏。他可能不愿承认这一点。但现在他将清晰地认识到，他的抱怨是："所有这些都做完后，我还得性交！"此时的情况对进行特定的心理治疗非常有利，再多的借口和推诿也没用。这种做法适用于临床实务中一般的"性心理变态者"，而不适用于恶性精神分裂症式或犯罪式性倒错，也不适用于那些只在幻想中进行性活动的人。

"同性恋（Homosexuality）"游戏在很多国家已经发展成一种亚文化，正如在另一些国家被仪式化。当同性恋转变为一种游戏，很多残疾问题会因此产生。①会引发某些游戏——"警察和盗贼（Cops and Robbers）""这事为什么总发生在我们身上""这就是我们生活的社会（It's the Society We Live In）"和"所有伟大的人都曾（All Great Men Were）"等——的挑衅性行为应该受到社会控制，这样才能将残疾问题降至最低。"职业同性恋"浪费了本可以用于其他目标的大量时间和精力。对他的游戏进行分析，可以帮助他建立一个安稳的家庭，享受社会提供给他的中产阶级福利，而不是玩个人版的"这难道不糟糕"的游戏。

## 三、"挑逗"

**正题。** 这是一个在男性和女性间玩的游戏，它可以被更礼貌地称为"拒绝（Kiss Off）"或"义愤填膺"，这两种称呼至少可以被看作更温和的游戏形式。该游戏包含不同的激烈程度。

1. 一度"挑逗"或"拒绝"在社交聚会中很常见，本质是轻微的调情。怀

---

① 如上述"木头腿"。——译者注

特向男人发出可以被追求的信号,并享受男性的追求。一旦他真的投入了,游戏便结束了。如果她很礼貌,可能会非常坦诚地说:"我很感激你的赞美,非常感谢你。"然后她会继续下一场征服。如果她没有那么慷慨,可能会直接离开他。一位熟练的玩家可以在大型社交聚会中频繁地走动,使这个游戏持续很长时间,这样一来,这位男士为了追求她,不得不使用更复杂的策略,同时又不会太明显。

2. 在二度"挑逗"或"义愤填膺"中,怀特从布莱克的接近中只获得了次要的满足。她主要的满足来自拒绝他,因此,该游戏也俗称"走开,混蛋(Buzz Off, Buster)"。她引导布莱克更认真地投入,而不是一度"挑逗"那样轻微的调情,并乐于看到布莱克被拒绝后狼狈的样子。当然,布莱克并不像他看上去那样无助,他能够参与这个游戏,之前可能已经招惹过很多麻烦。他通常玩的是"踢我吧"的某种变体。

3. 三度"挑逗"是一种恶性游戏,以谋杀、自杀或法庭定罪结束。怀特引导布莱克和自己产生了有失体面的身体接触,然后宣称她被强奸或对自己造成了不可挽回的伤害。在该游戏最自私的形式中,怀特可能真的允许布莱克与她完成性行为,这样一来,她在与他对质前获得了享受。这种对质可能即刻发生,如哭诉他犯强奸罪;也可能延迟很久才发生,如偷情很久后自杀或过失杀人。如果她决定从强奸的角度玩游戏,不难找到唯利是图或对此怀有病态兴趣的同盟,例如,媒体、警察、法律顾问和亲属。不过,这些外人有时也可能为谋取私利而突然攻击她,以致她丧失主动权并沦为他们游戏的工具。

在某些情况下,这些外人会发挥另一种功能。怀特本人不情愿,但他们会迫使游戏进行下去,因为他们想玩"你和他斗吧"。他们将她置于这样一种处境:为了挽回颜面或名声,她必须控诉强奸。这种情况特别容易发生在未成年女孩身上;她们可能想继续维持这种关系,但因为被人发现或被借题发挥,她们感到不得不将风流韵事转变为三度"挑逗"。

在一个众所周知的例子中，谨慎的约瑟（Joseph）拒绝被诱骗进入"挑逗"游戏。随后，波提乏（Potiphar）的妻子做出了经典的转换，转入"你和他斗吧"。①这是顽固的玩家会对反题做出怎样的反应的绝佳案例，也是受困的人们拒绝玩游戏可能遭遇怎样的危险的绝佳案例。这两个游戏合并在一起便构成了著名的"美人计"，怀特引诱布莱克，之后哭诉被强奸，这时丈夫出面，为了达到勒索的目的而虐待布莱克。

最严重且最不幸的三度"挑逗"在两个陌生的同性恋者之间较为经常发生。他们在一小时左右就能将游戏发展到杀人的程度。报纸上大量耸人听闻的内容都是该游戏愤怒和涉及犯罪的变体。

"挑逗"的儿童期原型与"性冷淡的女人"一样，小女孩引诱小男孩羞辱自己或把自己弄脏，然后嘲笑他，而毛姆（Maugham）在《人性的枷锁》（*Of Human Bondage*）以及之前提到的狄更斯的《远大前程》中，对此都有过经典论述。它们都是二度游戏。在治安很差的街区，这可能会演变为更激烈的、接近三度的游戏。

**反题**。 男性避免卷入该游戏的能力或使该游戏能够处于掌控之下的能力，取决于他区分真实的情感表达和游戏中的行动的能力。因此，如果他能够掌控自己的社交，就可能从"拒绝"游戏的轻微调情中获得很多快乐。但是，针对波提乏的妻子的计策，除了在结束营业前及时离开，不留联系方式外，很难找到一个安全的反题。1938年，本书作者在叙利亚的阿勒颇遇到一位上了年纪的"约瑟"。32年前。他因一次商务活动造访了耶尔德兹后宫，被苏丹的一位王妃逼入困境后，在君士坦丁堡"退房"。之后，他不得不放弃自己的店铺，不过还是花时间拿上了自己存的金法郎，从此再也没有回

---

① 《圣经》中记载约瑟被卖给埃及官员波提乏为奴。因其健壮、忠心被波提乏提拔为管家。后来，波提乏的妻子要求约瑟与其同寝，被约瑟多次拒绝，最后一次逃跑时，他把衣服落到波提乏的妻子那里。之后，波提乏的妻子以衣服为证据向波提乏告状，约瑟被关入监狱。——译者注

## 第九章 性游戏

去过。

**相关游戏**。"挑逗"的男性版本臭名昭著，通常出现在商业场合中："娱乐圈潜规则（Casting Couch）"（之后她并没有得到她想要的角色）和"相互依偎（Cuddle Up）"（然后她被解雇了）。

### 分析

以下是对三度"挑逗"进行的分析，因为其游戏元素表现得更为戏剧化。

- **目的**：恶意报复。
- **角色**："*女性引诱者*"和"*色狼*"。
- **心理动力（三度）**：阴茎妒忌、口唇期暴力。"拒绝"与性器期相关，而"义愤填膺"中包括很强的肛门期元素。
- **范例**：（1）我要告发你，你这个肮脏的小男孩；（2）受委屈的女人。
- **社交层面的沟通**："成人"—"成人"。

  "成人"（男性）："很抱歉，我比你打算让我做的更进了一步。"

  "成人"（女性）："你已经侵犯了我，必须彻底受到惩罚。"

- **心理层面的沟通**："儿童"—"儿童"。

  "儿童"（男性）："看我多么令人难以抵抗。"

  "儿童"（女性）："现在我可逮着你了，你这混蛋。"

- **行动**：（1）女性：引诱；男性：回应诱惑。（2）女性：屈服；男性：胜利。（3）女性：对质；男性：崩溃。
- **获益**：（1）内在心理获益——表达憎恨，投射内疚；（2）外在心理获益——回避充满情感的性亲密；（3）内在社交获益——"现在我可逮着你了，你这混蛋"；（4）外在社交获益——"这难道不糟糕""法庭""你和他斗吧"；（5）生理性获益——性和好斗的交流；（6）存在性获益——我无可指责。

## 四、"丝袜游戏"

**正题**。 该游戏与"挑逗"同属一类；它最为显著的特征是裸露癖，本质属于歇斯底里。一位女士参加了一个陌生的团体，没过多久便抬起腿，以挑逗的方式暴露自己，并说："喔，天啊，我的丝袜有个地方抽丝了。"她这样做的目的是激起男人们的性欲和其他女性的愤怒。当然，任何对质都会遭到怀特表示清白的抗议和反向指责，因此，它与经典的"挑逗"非常相似。"丝袜游戏"的显著特点是怀特的适应力不足。她很少会等待，弄清自己面对的是什么样的人，或想好怎样为自己的策略安排时间。因此，她的所为显得很不恰当并会影响她与伙伴的关系。尽管有一些肤浅的"老练"，但她无法理解自己生活中发生的事，因为她对人性的判断太以自我为中心。她的目标就是证明别人都有淫乱的思想，她的"成人"受到"儿童"和"父母"（通常是一个淫乱的母亲）的欺骗，从而既看不到自身的挑逗性，也看不到她遇到的很多人的良好判断力。因此，该游戏往往具有自毁倾向。

上述游戏可能是性器期的变体，满足感是由潜在的障碍导致的。"口唇期"变体由病理程度更深、胸部发育良好的女性展现。这些女性坐着时，常把手置于头后，极力展现胸部；她们可能通过谈论胸部尺寸或与胸部有关的疾病（如手术或肿块），获取他人对她的胸部的额外关注。某些扭动可能是肛门期的变体。这个游戏暗示该女性接受发生性关系。这个游戏也可以用更具象征性的方式来玩，即失去丈夫的女性不真诚地"展示"自己的寡妇身份。

**反题**。 除了适应力不足，这类女性还对反题表现出了很低的忍受性。例如，若该游戏在一个有经验的治疗团体里被忽略或被对抗，她们可能就不会继续参加团体了。该游戏的反题需要与报复进行区分，因为后者意味怀特已经胜利了。女性与男性相比，在采取行动对抗"丝袜游戏"方面更熟练。

男性几乎没有打破该游戏的动机，因此反题最好留给其他在场的女性酌情处理。

## 五、"大吵"

**正题。** 该游戏的经典版本发生在专横的父亲和青春期的女儿间，同时还有一位性压抑的母亲。父亲下班回家，挑女儿毛病，女儿无礼地回嘴；或者女儿开始第一个行动，表现得无礼，接着父亲挑毛病。他们的声音越提越高，冲突一触即发。结局取决于谁掌握主动，有三种可能：(1)父亲回到自己的卧室并砰地关门；(2)女儿回到自己的卧室并砰地关门；(3)双方都回到各自卧室并砰地关门。无论是哪种情况，"大吵"都以摔门作为结束标志。"大吵"虽然令人烦恼，却为某些家庭中父亲与青春期女儿产生的性问题提供了有效的解决方法。通常，他们只有相互生气才能住在一起。摔门对他们每一方而言，都强调了他们有单独的卧室这一事实。

在情况更糟的家庭中，这个游戏可能以险恶和令人厌恶的方式进行。每当女儿外出约会，父亲就会熬夜等她，然后仔细检查她和她的衣服，确保她没有性交。哪怕是最细微的可疑之处都会导致最猛烈的争执，结果女儿半夜被赶出家门。从长远来看，事情会自然发生——不是这一晚，就是下一晚，或者下下晚。然后，父亲的怀疑被证明是合理的，就像他对母亲说的那样。当这一切发生时，母亲始终"无助"地袖手旁观。

不过，一般而言，任何两个试图回避性亲密的人都可以玩"大吵"游戏。例如，它是"性冷淡的女人"常见的结尾。在青春期男孩与女性亲属间，很少出现这个游戏，因为青春期男孩比其他家庭成员更容易在傍晚从家里溜走。在年龄更小的阶段，兄弟和姐妹之间会通过身体打斗来设置有效的界限并由此获得部分满足。身体打斗在不同年龄段具有不同的动机，在美国，它是"大吵"半仪式化的表现形式，得到了电视台、教育学和儿科专家的支持。不过，在英国的上流社会，身体打斗被认为（或曾被认为）是糟糕的，相应的能量被疏导到运动场上，表现为规则良好的"大吵"。

**反题**。 这个游戏对父亲来说，并不像他想的那样令他厌恶。一般来说，女儿会通过早婚（通常是过早的或被迫的），做出第一个反题行为。如果具有心理上的可行性，母亲可以通过部分放弃或完全放弃性冷淡来做出反题行为。父亲如果在外面找到感兴趣的性对象，这个游戏也可能获得平息，但会带来其他复杂的问题。对于已婚夫妻来说，反题与"性冷淡的女人"或"性冷淡的男人"相同。

在适当的情况下，"大吵"会很自然地发展为"法庭"游戏。

第十章

黑社会游戏

随着"助人"行业逐渐进入法庭、缓刑假释部门和监狱机构,以及随着犯罪学家和执法官员日益成熟,相关人员应该留意在黑社会中更加常见的游戏,狱中狱外都是如此。这些游戏包括"警察和盗贼(Cops and Robbers)""你怎么才能离开这里(How Do You Get Out of Here)"和"让我们欺骗乔伊(Let's Pull a Fast one on Joey,简称 FOOJY)"。

## 一、"警察和盗贼"

**正题。** 由于很多罪犯都憎恨警察,因此他们从智胜警方中获得的满足感似乎与从犯罪收益中获得的满足感一样多,甚至经常更多。从"成人"的层面,他们犯罪是为了获得物质回报而玩游戏,即获得好处;但从"儿童"的层面,他们犯罪为的是获得被追捕的兴奋感——逍遥法外。

有意思的是,"警察和盗贼"在儿童期的原型并不是警察抓小偷,而是捉迷藏,其中必要的元素是被发现时的懊恼。年幼的孩子很容易流露这种情绪。如果父亲很轻易就找到他们,他们会感到懊恼,但没有多少乐趣。如果父亲是一个好玩家,他就知道该怎么做:他会拖延,然后小男孩就会通过叫喊、弄掉东西或发出声响来给他提示。他迫使父亲找到他,但仍旧表现得很懊恼;这一次,他获得了更多乐趣,因为悬念增加了。如果父亲放弃了,小男孩通常会感到失望,而不是胜利。躲藏的乐趣显而易见,问题显然并不在此。他失望的是没有被抓住。当轮到父亲躲起来时,他知道他不应该比小男孩聪明太长时间,只需要让游戏足够好玩儿就可以;如果父亲足够明智,在被抓到时,也应该表现得很懊恼。我们很快就可以发现,被找到才是必要的结局。

因此,捉迷藏并不是消遣,而是一个真正的游戏。在社交层面,它是智力上的比拼,每位玩家的"成人"竭尽全力时最令人满意;然而,在心理层面,它的设定就像强迫性赌博,怀特的"成人"必须输,才能让他的"儿童"赢。不被抓住实际是反题。在年龄稍大的孩子中,如果谁躲到一个完全不能被发现的地方,会被认为输不起,因为他们破坏了这个游戏。他消除了"儿童"的元素,而将整件事情转变为"成人"的程序。他不再是因为乐趣而玩。他和赌场老板或一些职业罪犯成为一类,他们真正追求的是钱,而不是娱乐。

惯犯似乎有两种类型:一种是主要为利益而犯罪的人,另一种是主要为游戏而犯罪的人——还有很大一群人处于二者之间,无论是哪种情况都能处理好。"强迫型赢家"是赚大钱的人,依据报告,他们的"儿童"着实不想被抓住,也很少被抓住;他们很难受到处罚,因为他们总有办法脱身。另一方面,"强迫型输家"是玩"警察和盗贼"游戏的人,他们鲜有非常好的经济收益。如果有,通常也是靠运气,而不是技巧;从长远来看,即使是运气好的人,也经常遵从"儿童"的要求收场,大声抱怨而不是得意扬扬。

这里讨论的"警察和盗贼"玩家在某些方面与"酒鬼"相似。他可以从"盗贼"的角色转换为"警察",也可以从"警察"转换为"盗贼"。在有些情况下,他会在白天扮演"父母警察",天黑后则是"儿童盗贼"。在很多"盗贼"中会有一个"警察",在很多"警察"中也会有一个"盗贼"。如果罪犯改邪归正,他可能扮演"拯救者"的角色,成为一名社会工作者或传教士;但这个游戏中的"拯救者"远不如"酒鬼"中的"拯救者"重要。不过,一般而言,玩家的"盗贼"角色才是他的命运,每个玩家都有让自己被抓住的作案方法。他会使"警察"觉得或难或易。

这种情况和赌徒类似。在社交或社会学层面,"职业"赌徒主要的人生兴趣在于赌博。但在心理学层面,职业赌徒有两种类型:一种是将时间花在玩游戏上的人，即赌上命运，在他们身上，"儿童"对输的渴望超过了"成人"对赢的渴望；另一种是经营赌场并真正以此为生的人，他们给赌徒提供赌博的场所，通常过着很好的日子；他们自己不赌，并努力避免赌，尽管偶尔在某些场合，他们也会自我放纵享受一下，但这和真正的罪犯偶尔玩"警察和盗贼"游戏是一样的。

这阐明了为什么关于犯罪的社会学和心理学研究通常模棱两可、毫无成效：他们正在讨论两类人，一般的理论或实务框架无法对二者进行恰当的区分。对赌徒的研究也是如此。沟通分析和游戏分析为这个问题提供了即时的解决方案。通过对社交层面之下的沟通进行分析，能区分"玩家"和"真正的职业人士"，从而消除研究的模糊性。

现在让我们离开一般性论述，考虑具体的案例。一些窃贼盗窃时不会做任何多余的动作。玩"警察和盗贼"游戏的窃贼则会通过故意破坏的行为，无端留下在场证据，例如，用分泌物和排泄物损坏贵重的衣物。根据报告，真正的银行盗贼会极其小心避免暴力；玩"警察和盗贼"游戏的盗贼却只是找理由发泄他的愤怒。和其他任何职业人士一样，真正的罪犯在环境允许的情况下，喜欢尽可能干净利落地完成犯罪活动。玩"警察和盗贼"游戏的罪犯在犯罪过程中感到必须发泄不满。据说，真正的职业罪犯在找到脱身方法前绝不会动手；游戏玩家却愿意赤手空拳地与法律较量。真正的职业罪犯能够以自己的方式清楚地意识到"警察和盗贼"游戏。团伙中某个成员如果对这个游戏表现出太高的兴趣，达到危害任务的程度，特别是他被抓的需要开始显现，团伙将采取极端的措施防止此事再次发生。也许正是由于真正的职业罪犯不玩"警察和盗贼"，所以很少被抓，因此几乎没有对他们从社会学、心理学和精神病学角度进行的研究；这种情况也适用于赌徒。所以，我们关于罪犯和赌徒的大部分临床知识都是有关游戏玩家的，而非真正的职业罪犯。

有偷窃癖的人（与商店的职业扒手不同）会以无关紧要的方式玩"警察和盗贼"，他们展示了这种游戏有多广泛。很有可能的情况是，至少有很大

## 第十章　黑社会游戏

一部分欧美人曾在幻想中玩过"警察和盗贼"。我们这半个世界就是靠这些内容销售报纸的。这种幻想通常以虚构的"完美谋杀"的形式表现，它是最激烈的游戏，并完胜警察。

"警察和盗贼"的变体是"审计师和盗贼（Auditors & Robbers）"，盗用公款者会以相同的规则和相同的结局来玩这个游戏；走私犯会玩"海关和盗贼（Customs and Robbers）"的游戏，等等。特别有趣的是罪犯版"法庭"游戏。尽管已经格外小心，职业罪犯也会偶尔被捕，接受审判。对他而言，"法庭"是一种程序，他会依据法律顾问的指示完成该程序。对律师而言，如果他们是"强迫型赢家"，"法庭"在本质上就是和陪审团玩的游戏，目标是取胜而非失败。社会上有很大一部分人都会把它看作一种建设性游戏。

**反题。** 这是有资质的犯罪学家而不是精神病学家所关心的问题。警察和司法部门无法做出反题行为，因为在社会设定的规则下，他们在游戏中也扮演着自己的角色。

不过，有一点应该强调：犯罪学研究者可能会拿一些罪犯开玩笑，说他们表现得好像很享受被追捕，而且希望被抓住；或者他们也会读到这个观点，并以不同的方式表示认同。但是，他们在自己"严肃"的工作中，很少把这样一个"学术性"因素视作至关重要的。首先，他们缺少心理学标准化的研究方法来揭露这个成分。因此，研究者要么由于缺乏研究工具而无法进行研究，不得不忽略这个关键因素；要么需要改变工具。事实是，现有的那些工具至今还没有解决任何一个犯罪学问题。因此，研究者最好放弃陈旧的方法，并以全新的方法解决问题。除非人们不再将"警察和盗贼"视为一种有趣的反常现象，而是将它视作大部分案件的核心问题，否则很多犯罪学研究将继续处理那些浅薄的、教条的、次要的或旁枝末节的问题。[1]

### 分析

- **正题**：看你能不能抓住我。

- **目的**：寻求安心。
- **角色**："*盗贼*"和"*警察/法官*"。
- **心理动力**：阴茎侵入。
- **范例**：(1) 捉迷藏；(2) 犯罪。
- **社交层面的沟通**："父母"—"儿童"。

  "儿童"："看你能不能抓住我。"

  "父母"："我的工作就是干这个的。"

- **心理层面的沟通**："父母"—"儿童"。

  "儿童"："你必须抓住我。"

  "父母"："啊哈，抓住你了。"

- **行动**：(1) 怀特：违抗。布莱克：愤怒。(2) 怀特：躲藏。布莱克：挫败。(3) 怀特：挑衅。布莱克：胜利。
- **获益**：(1) 内在心理获益——对过去的错误进行实质性补偿；(2) 外在心理获益——对抗恐惧；(3) 内在社交获益——看你能不能抓住我；(4) 外在社交获益——我差点儿就逃脱了（消遣：他们差点儿就逃脱了）；(5) 生理性获益——声名狼藉；(6) 存在性获益——我永远是一个失败者。

## 二、"你怎么才能离开这里"

**正题**。 历史证据表明，那些时间被结构化的囚犯生存得最好，他们结构化时间的方式包括活动、消遣或游戏。据说，政治警察对此最为了解，他们只需禁止囚犯活动并使其处于社交剥夺状态，就能让一些囚犯崩溃。

独处的囚犯最喜欢的活动是读书或写作，最喜欢的消遣是"逃跑（Escape）"，其中一些逃跑者变得非常出名，如卡萨诺瓦（Casanova）[①]和巴

---

[①] 18世纪极富传奇色彩的意大利冒险家、作家，是欧洲著名的大情圣，著有包括其许多风流韵事的《我的一生》（*Histoire de ma vie*）。——译者注

## 第十章 黑社会游戏

伦·特伦克（Baron Trenck）①。

他们最喜欢的游戏是"你怎么才能离开这里"["想出去（Want Out）"]，它也出现在公立医院中。这个游戏必须和同名的操作区分开（见第38页），后者以"品行良好（Good Behaviour）"闻名。②真正想获得自由的囚犯或患者会想方设法地服从权威，在可能的情况下尽早获得释放。如今，通过玩团体治疗型"精神病学"这个好游戏，也能达成这一目标。然而，玩"想出去"的囚犯或患者，他们的"儿童"并不想出去。他们假装"品行良好"，但在关键时刻，就会自我妨碍，从而无法获得释放。因此，在"品行良好"的操作中，"父母""成人"和"儿童"会相互合作，获得释放；而在"想出去"的游戏中，"父母"和"成人"会按要求行动，直到某个关键点到来，"儿童"接管，破坏结果。实际上，一想到即将去不确定的世界冒险，"儿童"就感到害怕了。20世纪30年代末，在从德国刚移民到美国变成了精神病患者的人群中，"想出去"是很常见的。他们努力改善病情然后恳请出院；但随着自由之日临近，他们的精神错乱又会复发。

**反题**。敏锐的管理者能够辨别"品行良好"和"想出去"，并能够在行政层面进行处理。然而，团体治疗的新手经常被骗。一位有能力的团体治疗师很清楚，在以精神病学为导向的监狱中，这是最常使用的操纵手段，所以他会密切注意并在早期阶段就把这类人识别出来。由于"品行良好"是诚实的操作，因此也应得到如此的对待。公开讨论不会带来任何伤害；相反，恐慌的囚犯或患者若想康复，必须进行积极治疗。

---

① 此人1711年出生于意大利，后进入匈牙利步兵团，并获得了中尉军衔。然而，他因行为古怪和不守纪律而被开除。后加入俄国骑兵团，并被提升为少校，但因为对指挥官的攻击和侮辱，被判处死刑。在行刑前被赦免，但不得不离开俄国军队和俄国。——译者注

② 在消遣和游戏索引中，"品行良好"被归为游戏；但按正文的意思，"品行良好"是一种操作。此处似有矛盾，敬请读者注意辨析。——译者注

**相关游戏。** 与"想出去"有密切关系的是名为"你必须听我说（You've Got to Listen）"的操作①。此时，某机构的患者或者某社会组织的来访者要求拥有投诉的权利。这些投诉通常无关痛痒。他的主要诉求就是确保自己的声音能够被当权者听到。如果当权者错误地以为他希望机构依据他的投诉采取行动，并因为这些要求太高而将其打断，可能就有麻烦了。如果当权者同意这些投诉，他就会有更多投诉。如果当权者耐心倾听并表示出兴趣，"你必须听我说"玩家就会感到满意并且合作，而且不再提出更多要求。管理者必须学会区分"你必须听我说"和严肃要求补偿。[2]

"判决不公（Bum Rap）"是同类游戏中的另一个游戏。真正的罪犯抱怨"判决不公"，其实是在为出狱而努力。在这种情况下，它是程序的一部分。然而，玩"判决不公"游戏的囚犯并不是真的试图出狱，因为如果他出去了，就不再有抱怨的理由了。

## 三、"让我们欺骗乔伊"

**正题。** 这个游戏的原型是"大商店（Big Store）"②，一场一流的骗局；不过很多小型诈骗，甚至是桃色诈骗，也属于"让我们欺骗乔伊"。除非某人惯于盗窃，否则"让我们欺骗乔伊"是无人能敌的，因为该游戏的第一个行动是布莱克告诉怀特，愚蠢老实的老乔伊正等着受骗。如果怀特完全正直，他要么会避开乔伊，要么会提醒乔伊，但他并没有。接着，就在乔伊准备付钱时，出现了某些差错，怀特发现自己的投资全泡汤了。或者，在"美人计"中，正当乔伊要被戴绿帽子时，他恰巧走了进来。然后，正在按自己的规则玩的怀特发现自己不得不按照乔伊的规则来玩，这很令人痛苦。

---

① 在消遣和游戏索引中，"你必须听我说"被归为游戏；但按正文的意思，"你必须听我说"是一种操作。此处似有矛盾，敬请读者注意辨析。——译者注

② 在1941年的喜剧电影《大商店》（*The Big Store*）中，主角揭穿了店主的欺诈行为并以自己独特的方式将商店整理得焕然一新。——译者注

# 第十章　黑社会游戏

说来也怪，受骗的人被指望知道"让我们欺骗乔伊"的游戏规则并坚持遵守它们。怀特的怒声叫嚷被诈骗团伙视作预期风险；他们不会因此怪罪怀特，甚至允许他在一定程度上向警察撒谎以挽回颜面。但如果他太过分，例如，诬告他们盗窃，就是欺骗，他们就会怨恨他。另一方面，很少有人会同情因欺骗醉酒者而陷入麻烦的骗子，因为这是不当的程序，他应该明白这个道理。如果他蠢到挑了一个带有幽默感的受骗者，也是同样的道理，因为人们都知道这样的人很难在"让我们欺骗乔伊"中，一直到在"警察和盗贼"的终极游戏中，一路扮演好配角。有经验的骗子会害怕被骗后大笑的受骗者。

应该注意的是，恶作剧并不是"让我们欺骗乔伊"游戏，因为在恶作剧中，受害者是乔伊，而在"让我们欺骗乔伊"中，占上风的是乔伊，怀特才是受害者。恶作剧是消遣，"让我们欺骗乔伊"才是游戏，其中最初的笑话最终事与愿违。

很明显，"让我们欺骗乔伊"是三人或四人游戏，警察扮演第四人的角色；这个游戏也显然与"你和他斗吧"有关。

— 说　　明 —

感谢瓦卡维尔市加利福尼亚医学院（California Medical Faculty）的富兰克林·厄恩斯特（Franklin Ernst）医生，诺科市加利福尼亚康复中心（California Rehabilitation Center）的威廉·柯林斯（William Collins）先生和特哈查比市加州男性研究所（California Institution for Men）的劳伦斯·米恩斯（Laurence Means）先生，感谢他们对研究"警察和盗贼"的持久兴趣及有益的讨论和批评。

## 参考文献

[1] 弗雷德里克斯·怀斯曼（Frederick Wiseman）在"精神病学与法律：谋杀案中精神病学的使用和滥用"[Psychiatry and Law: Use and Abuse of Psychiatry in a Murder Case (*American Journal of Psychiatry*, 118: 289-299, 1961)]一文中报告了一个清晰且悲剧的案例，是激烈的"警察和盗贼"游戏。这是有关一位23岁的男性开枪杀死未婚妻后自首的事。这件事处理起来很不容易，因为直到他反复自首四次后，警察才相信他的故事。后来，他说："在我看来，我注定要死于电刑。如果事情是这样，它就应该是这样。"作者说，期待外行陪审团理解复杂的精神病证词简直荒唐，庭审中用的都是专业术语。但如果用游戏分析的语言，我们用不超过两个音节的词语就可以说明核心问题：一个9岁的男孩决定必定死于电刑（庭审时已明确说明原因）。他用余生朝这个目标前进，并把女朋友作为攻击对象，最终自食其果。

[2] 想对"警察和盗贼"以及囚犯们的游戏有更多了解的读者请参看：Ernst, F. H., and Keating, W.C., Psychiatric Treatment of the California Felon, *American Journal of Psychiatry*, 120: 974-979, 1964.

第十一章

**咨询室游戏**

对专业的游戏分析师来说，治疗情境中反复出现的游戏最为重要，应对它们有所觉察。游戏分析师最方便在咨询室进行第一手研究。根据发起者，这类游戏包括三种类型：

1. 治疗师和个案社会工作者玩的游戏："我只是想帮你（I'm Only Trying To Help You）"和"精神病学（Psychiatry）"。
2. 受过相关专业训练的人们玩的游戏，即团体治疗中的患者，如"温室（Greenhouse）"。
3. 外行的患者和来访者玩的游戏："贫困（Indigence）""乡下人（Peasant）""愚蠢（Stupid）"和"木头腿（Wooden Leg）"。

## 一、"温室"

**正题。** 这是"精神病学"的一种变体，年轻的社会科学家是最激烈的玩家，例如临床心理学家。这些年轻人和同事一起，常会以打趣的方式玩"精神分析（Psychoanalysis）"，说诸如此类的话："你的敌意出来了"或者"防御机制能有多机械"①。这通常是一种无害且有趣的消遣；也是他们学习历程中的一个正常阶段。团体中如果有一些原创作品，会非常有趣（本书作者最喜欢的一句是"我看'全国口误周'又到了"）。就像治疗团体中的患者，他

---

① 防御机制的英文是defense mechanism，机械的英文是mechanical。所以这句话就好像在用中文说"李红能有多红"，带有调侃意味。——译者注

们中的有些人容易陷入更为严肃的互相批判；因为这样做并没有太大好处，治疗师必须阻止并转移方向。接着，他们可能就会转入"温室"游戏。

近期的毕业生有一种强烈的倾向，对他们所谓的"真实情绪"有夸大的尊重。在表达这种情绪前，他们先宣告它马上就要到来了。宣告过后，这种情绪在团体面前被描述，或者说被展示，好像它是一朵稀有的花，应该对其充满敬畏。其他成员有如植物园里的鉴赏家一般，他们做出的反馈被极其庄严地接受。用游戏分析的语言来说，问题在于，这种情绪是否好到可以在全国情绪展上展出。治疗师如果用提问进行干预，会引发强烈的怨恨，就好像他是一个粗手粗脚的笨蛋，粗暴地撕扯异域的世纪植物①的脆弱花瓣。治疗师很自然的感觉是，为了了解一朵花的解剖学特征和生理机能，对它进行解剖可能很有必要。

**反题。** 反题是对上述情绪描述进行讽刺，这对取得治疗进展至关重要。如果允许这个游戏继续，它可以维持数年不变。之后，患者可能以为自己获得了"治疗体验"，因为他已在其中"表达了敌意"并学会了"面对情绪"，这使他与没那么幸运的同事相比更有优势。这样做其实没有动力学意义，投入的时间当然也没有使治疗获益最大化。

对情绪描述进行讽刺并非针对患者本人，而是针对他们的教师以及这种鼓励过分讲究的文化环境。如果时机恰当，治疗师质疑式的评论可以成功地让他们从浮夸的"父母"影响中脱离，在彼此的互动中减少不自然感。他们可以让情绪自然生长，待其成熟再去采摘，而不是在温室氛围中进行栽培。

该游戏最明显的获益是外在心理获益，因为它通过设置情绪表达的特殊条件和在场他人做出回应的特殊要求来回避亲密。

---

① 指美洲龙舌兰，要长到七八十岁才能开花，被人们称为"世纪植物"和世界上"最稀罕的花"。——译者注

## 二、"我只是想帮你"

**正题**。 该游戏在任何职业场合都可以玩，不限于心理治疗师和社会福利工作者。不过，我们发现最常玩它且玩得最华丽的是受过某种训练的社会工作者。本书作者在一个不寻常的场合弄清了对该游戏的分析。一次在打扑克时，除了一位心理学家和一位商人，其他所有玩家都把牌面朝下，以示放弃。这位商人拿了一手好牌，于是下注；心理学家拿的是无敌的王牌，增加了赌注。商人有些迟疑，于是心理学家开玩笑地说："别担心，我只是想帮你！"商人犹豫了一会儿，最终投下筹码。心理学家亮出必胜牌，另一方憎恶地扔下牌。之后，在场的其他人觉得可以自由地对心理学家的笑话放声大笑了，输的人悲伤地表示："你可真是帮忙了！"心理学家向作者投来会意的一瞥，暗示这个笑话是以精神病学专业为代价的。就是在那个时刻，这个游戏的结构变得清晰了。

社会工作者或治疗师，不论专业是什么，会对来访者或患者提出一些建议。患者回来后说这些建议没有达到理想的效果。社会工作者或治疗师有一种无奈的感觉，但并没有理睬这次失败，而是再次尝试。如果他更留心，此时也许会觉察到一阵挫败感，但不论怎样，他还是会继续尝试。通常，他并不觉得需要怀疑自己的动机，因为他知道很多受到相似训练的同事也会做同样的事，他只是在跟随"正确"的程序，并将得到督导的全力支持。

如果他遇到的是一位强势的玩家，例如充满敌意的强迫症患者，他将越来越难以避免能力不足的感受。然后，他陷入麻烦，情况慢慢恶化。最糟糕的情况是，他遇到了一位愤怒的偏执狂。有一天，他冲进来愤怒地大喊："看你都让我做了什么（Look What You Made Me Do）！"之后，他的挫败感会强烈地表现在说出来或没有说出来的想法中："但我只是想帮你啊！"对方的忘恩负义令他困惑，给他带来了相当大的痛苦，这也表明他自身行为背后包含着复杂的动机。困惑就是这个游戏的结局。

## 第十一章　咨询室游戏

正当的助人者不应与玩"我只是想帮你"的人混淆。"我认为我们可以对此做点什么""我知道要做什么""我被指派来帮助你"或者"我帮助你的费用是……"这些表述与"我只是想帮你"不同。前四种是真诚的表达,代表治疗师的"成人"主动提出愿意为患者或来访者的痛苦发挥自己的专业能力;"我只是想帮你"包含隐藏的动机,它比为最终结果提供专业技能更加重要。这个动机基于的心理地位是"人们都不知感恩和令人失望"。潜在的成功会使专业人员的"父母"感到担忧,所以它会引发蓄意破坏,因为成功会威胁这种心理地位。"我只是想帮你"玩家需要确保自己不管多费力地提供帮助,都不会被接受。来访者会用"看我正多么努力"或"你帮不了我什么(There's Nothing You Can Do to Help Me)"做回应。更加灵活的玩家可能会妥协:人们能够接受帮助,只是需要花费很长时间而已。这样,很快获得治疗效果的治疗师常常感到愧疚,因为他们知道在员工会议上,他们的同事将对此质疑。与激烈的"我只是想帮你"玩家相反的另一端,是帮助来访者时没有任何个人卷入或情感的好律师,这样的人也存在于社会工作者中。这时,技术取代了隐藏的动机。

一些学校的社会工作专业似乎在专门训练"我只是想帮你"职业玩家,他们的毕业生很难停止玩这个游戏。有助于说明上述观点的例子参见它的互补游戏"贫困"中的描述。

在日常生活中,很容易发现"我只是想帮你"及其变体。家族朋友或亲戚会玩这个游戏[例如"我可以批发给你(I Can Get It For You Wholesale)"①],针对儿童开展社区工作的成年人也会玩这个游戏。在父母中,这也是最受喜爱的一个,孩子玩的互补游戏通常是"看你都让我做了什么"。在社交方面,它可能是"笨手笨脚的人"的变体,其中,破坏是在提供帮助时造成的,

---

① 来自杰尔姆·韦德曼(Jerome Weidman)1937年的小说《华裳霓影》(*I Can Get It for You Wholesale*),描写了一个无情的时装设计师以她的方式踩踏每个人上位,以达到自己的职业最高水平,最终被迫在野心和所爱之人之间进行选择。1951年该小说被改编为电影,1962年被改编为同名百老汇舞台剧。——译者注

而不是由于冲动造成的；此时，来访者表现为受害者，可能玩"这事为什么总发生在我身上"或其变体。

**反题。** 当被邀请玩该游戏时，专业人员有几种策略可用。他的选择取决于他和患者之间的关系状态，特别取决于患者的"儿童"。

1. 经典精神分析的反题是最彻底的，对患者来说也是最难忍受的。邀请完全被忽视。然后，患者会越来越努力地尝试。最终，他陷入绝望状态，表现为愤怒或抑郁，这是游戏受到挫败的典型迹象。这种情况可能导向有益的面质。
2. 在首次试图邀请时，更为温和（但并非循规蹈矩）地进行对质。治疗师可以说，他是患者的治疗师，而不是他的管理者。
3. 比上述方式更温和的程序是介绍患者加入治疗团体，让其他患者来处理。
4. 对严重精神失常的患者，在初始阶段有必要参与他的游戏。这些患者应该接受精神科医生的治疗，因为是医生，他们既能开药，也能开出在镇静剂时代仍旧有益的保健措施。如果医生除了开药，还开出了保健养生法，包括洗浴、锻炼、休息时间和规律进食，患者会：（1）实行养生法并感觉好转；（2）有所顾虑地实行养生法，并抱怨它没有用；（3）随口提到他忘记按要求实行养生法了，或者因为没任何好处，已经放弃。对第二种和第三种情况，精神科医师需要决定患者此时是否可以用游戏分析进行治疗，还是应先实施其他形式的治疗，从而为后续心理治疗做好准备。精神科医生在决定下一步怎么做之前，应该仔细评估养生法的适当性与患者玩游戏的倾向性之间的关系。

另一方面，从患者的角度来说，针对治疗师的反题是"不用告诉我如何做才能帮自己，我会告诉你要做什么才能帮到我"。如果已知治疗师是"笨手笨脚的人"，那么患者可以使用的正确反题是"别帮我，帮他"。不过，那些玩"我只是想帮你"的严肃玩家通常缺乏幽默感。来自患者的反题行为通常不能被治疗师愉快地接受，并可能导致治疗师的终生敌意。在日常生活中，除非一个人已经准备好无情地实施反题行为并承担后果，否则不应发起此行为。例如，拒绝"可以批发给你"的亲戚可能会引发严重的家庭问题。

**分析**

- **正题**：没有人会照我说的做。
- **目的**：缓和内疚感。
- **角色**："助人者"和"来访者"。
- **心理动力**：受虐。
- **范例**：（1）孩子在学习，父母介入；（2）社会工作者和来访者。
- **社交层面的沟通**："父母"—"儿童"。

  "儿童"："我现在要做什么？"

  "父母"："这是你要做的。"

- **心理层面的沟通**："父母"—"儿童"。

  "父母"："看我多能干。"

  "儿童"："我会让你感到能力不足。"

- **行动**：（1）要求指导—给予指导；（2）笨手笨脚地实施程序—责备；

  （3）证明这个程序是错误的—暗示歉意。

- **获益**：（1）内在心理获益——殉难；（2）外在心理获益——避免面对能力不足；（3）内在社交获益——向外投射型"家长会"、不知感恩；（4）外在社交获益——向外投射型"精神病学"；（5）生理性获益——被来访者打耳光，被督导安抚；（6）存在性获益——所有人都忘恩负义。

## 三、"贫困"

**正题**。 对该游戏最好的描述出自亨利·米勒(Henry Miller)的游记《马洛西的大石像》(*The Colossus of Maroussi*)："这件事一定发生在我找工作的那一年，但我丝毫都不想找到工作。我想起，尽管我认为自己很绝望，但我甚至连招聘广告专栏也懒得看。"

这是"我只是想帮你"的互补游戏之一。社会工作者以玩"我只是想帮你"为生，他们的来访者则以职业地玩"贫困"为生。作者本人对"贫困"的经验有限，但作者最有成就的学生之一对该游戏的本质及其在我们社会中的位置进行了以下说明。

布莱克小姐是一家福利机构的社会工作者，该机构公开声明的目标是帮助贫困人士在经济方面康复——实际意思就是帮助他们找到并维持有收入的工作，该机构为此收到了政府补贴。根据官方报告，该机构的来访者在持续"取得进步"，但几乎没有人能真正"康复"。该报告称这种情况可以理解，因为大多数来访者多年来都是福利救助对象，他们从一个机构转到另一个机构，有时同时接受五六家机构的救助。所以，他们显然是"困难的来访者"。

布莱克小姐通过接受游戏分析训练，很快意识到她所在机构的工作人员一直在玩"我只是想帮你"的游戏，并且很想知道来访者对此的回应。为了探明答案，她每周都会问自己的来访者本周实际了解了多少工作机会。有意思的是，她发现，按理说，他们每天都应该勤奋地找工作，但他们对此付出的努力其实非常少，有时他们确实会做出一些象征性的努力，但也颇具讽刺意味。例如，一位男士说他为了找工作，每天至少回复一则招聘广告。她问："什么类型的工作？"他说他想从事销售工作。"你只回复这类广告吗？"她问。他说是的，但太糟糕了，他有口吃，这阻碍了他选择向往的职业。大约在此时，她的督导注意到她正在问这些问题，并因她给来访者造成"过度

## 第十一章 咨询室游戏

压力"而训斥了她。

尽管如此,布莱克小姐决定继续行动,帮助其中一些人康复。她挑选出身体健全、看起来没有合理的理由继续领取福利金的来访者。她与这组人详尽地讨论了"我只是想帮你"和"贫困"游戏。在他们愿意承认自己在玩游戏后,她说,除非他们找到工作,否则她会中断他们的福利金,并将他们转到另一类机构中。其中几个人几乎立刻找到了工作,有些人甚至是这些年来第一次找到工作。但他们对她的态度愤愤不平,有些人还写信给她的督导投诉。督导把她叫来,更加严厉地加以训斥,说就算这些来访者已经在工作了,也没有"真正康复"。督导表示,他们在质疑是否能继续留她在机构工作。布莱克小姐在不进一步危及自己职位的情况下,尽自己所能巧妙地提出什么是机构认为的"真正康复"的问题,但并没有得到清晰的回答。她只被告知给人们"施加了过度的压力",但即使面对他们多年来第一次供养家庭的事实,她也没有获得称赞。

因为她需要这份工作,以及目前有丢掉它的危险,一些朋友试图为她提供帮助。精神科门诊的一位广受尊重的负责人写信给她的督导,称听说布莱克小姐在福利救助来访者方面做出了一些极富成效的工作,并询问是否可以请她到自己的诊所讨论她的发现。这位督导拒绝批准。

在这个例子中,机构为了与自己的"我只是想帮你"规则互补,设置了"贫困"的规则。社会工作者与来访者间达成了心照不宣的协议,可以表述为:

社会工作者:"我会努力帮助你(只要你不变好)。"
来访者:"我会去找工作(只要我不必须找到)。"

如果来访者变好,破坏了该协议,机构就失去这个来访者,这个来访者也会失去生活福利,双方都会感到处于不利地位。如果像布莱克小姐那样的工作人员通过使来访者真正找到工作而破坏了该协议,机构就会因来访者的投诉受到惩罚,并被更高的权力部门注意到,同样,来访者也会失去他的生活福利。

只要双方遵守隐性规则,就都能获得他们想要的东西。来访者得到了他的福利,并很快明白机构需要的回报:一个"提供援助"的机会(作为"我只是想帮你"的一部分),外加"临床资料"(用于在"以来访者为中心"的员工会议上呈现)。来访者乐于配合这些要求,这使他得到的乐趣和机构一样多。因此,双方相处融洽,谁都不想结束这种令人满意的关系。布莱克小姐实际是"达成援助"而非"正在提供援助",并建议举办"以社区为中心"的员工会议,而非"以来访者为中心"的员工会议;这使所有相关人员都感到恼怒,尽管她其实是唯一遵循机构声明的意图的人。

这里有两点需要说明。首先,"贫困"是一种游戏而非因躯体、心理或经济方面的障碍导致的疾病,在福利救助对象中,只有一定比例的人玩此游戏。其次,只有受过"我只是想帮你"训练的社会工作者才会支持这个游戏。其他工作人员对它是不能容忍的。

与"贫困"类似的游戏还包括"退伍军人(Veteran)"和"门诊(Clinic)"。"退伍军人"表现出了同样的共生关系,只不过是在退伍军人管理局(与社会福利机构类似的组织)和一些"职业退伍军人"之间。他们要求与伤残退役军人一样享有合法权益。在大型医院门诊部,有一部分患者玩"门诊"游戏。与"贫困"和"退伍军人"不同的是,玩"门诊"游戏的患者并无经济上的报酬,获益来自其他方面。他们为一个有价值的社会目的服务,因为他们非常愿意配合医务人员的训练和疾病研究过程。这样做能为他们的"成人"带来正当的满足感,而"贫困"和"退伍军人"玩家无法获得这种满足感。

**反题。** 前面已有暗示,反题就是拒绝提供福利。像其他大多数游戏一样,这样做的主要危险并非来自玩家,而是来自该游戏与文化的融合,以及与之互补的"我只是想帮你"玩家对它的促进。威胁来自专业上的同事、激愤的公众、政府机构以及保护性组织。在反"贫困"展览后,人们的抱怨可能演变成强烈抗议——"是啊,是啊,岂有此理?(Yes, Yes, How About That)"可被视为一种健康的、具有建设性的操作或消遣,即使这偶尔会阻碍坦诚①。

## 四、"乡下人"

**正题**。"乡下人"的原型是患有关节炎的保加利亚村民,她卖掉了自己唯一的一头牛,筹钱到位于索非亚②的大学诊所就医。在那儿,教授对她进行了检查,发现她的案例很有意思,于是用她给医学生做了临床演示。他不仅对病理学、症状和诊断进行了概述,还概述了治疗方法。整个过程让她充满敬畏。在她离开前,教授为她开具了处方并对治疗做了更详细的解释。她对他的学识备感钦佩,用保加利亚语说了一句:"哇,你太棒了,教授!"然而,她从未按处方开药。首先,她所在的村子没有药商③;其次,即使有,她也不愿意让如此宝贵的一张纸离开自己的手。她也没有条件完成治疗方案中的其他措施,例如,改善饮食、接受水疗等。她继续生活,腿和过去一样跛,但她现在很快乐,因为她可以告诉每一个人,在索非亚有一位了不起的教授为她进行了非常棒的治疗,她每晚都会在祈祷中向他表达感激。

几年后,这位教授带着不愉快的心情去见一位富有但很难满足的病人,恰巧途经这个村庄。她冲过来亲吻他的手时,他想起了这个乡下人,还想起了自己在很久前为她制定的绝妙的治疗方案。他优雅地接受了乡下人的敬意,并感到相当满意,特别是当她告诉他这个治疗多么棒时。事实上,他太忘乎所以,以致没有注意到她和过去一样跛得厉害。

在社交情境中玩"乡下人"游戏有两种形式:一种是真诚型,一种是伪装型。两种形式的口号都是"哇,你太棒了,穆加特罗伊德先生!"。在真诚

---

① 作者认为消遣和游戏类似,其中都包含一定的不坦诚。——译者注
② 保加利亚的首都。——译者注
③ 旧时制药兼售药的药剂师。——译者注

型中，穆加特罗伊德确实很棒。他是著名的诗人、画家、慈善家或科学家，天真的年轻女性常常不惜长途跋涉与他见面，这样就能爱慕地坐在他的脚边，连他的缺点都被浪漫化。更加世故的女性一开始就打算和这个男人发展婚外情或结婚，她真心钦佩并欣赏他，可能也完全清楚他的弱点。为了得到她想要的，她甚至可能对这些弱点加以利用。对于这两类女性，当她们将他的缺点浪漫化或加以利用时，游戏就产生了。不过，她们的真诚在于她们真的尊敬他取得的成就，对于这些成就，她们能够正确地评价。

在伪装型中，穆加特罗伊德可能很棒，也可能并非如此，但他遇到了一个无论如何都无法欣赏他的女人；她可能是一名高级妓女。她玩"可怜的我"游戏，并纯粹将"哇，你太棒了，穆加特罗伊德先生！"作为奉承，以达到自己的目的。她要么对他感到困惑，要么就是嘲笑他。但她并不关心他；她想要的只是跟他在一起的好处。

在临床情境中玩"乡下人"也有两种类似的形式，口号都是"哇，你太棒了，教授！（Gee You're Wonderful Professor，简称GYWP）"。在真诚型中，只要患者相信"哇，你太棒了，教授！"，就可以维持健康，这样责任就落到了治疗师身上，他必须在公开场合和私人生活中都品行良好。在伪装型中，患者希望治疗师能够赞同她的"哇，你太棒了，教授！"，并希望治疗师认为"你具有非凡的洞察力（You're Uncommonly Perceptive，简称YUP）"。一旦使他如此表现，她就会让他看起来很蠢，然后去找另一位治疗师；只有他不那么容易被欺骗，才有可能真正帮助她。

对患者而言，要在"哇，你太棒了，教授！"游戏中取胜，最简单的方法就是不让病情好转。如果她更加怀有恶意，就会更积极地采取行动使治疗师看起来很蠢。一位女士与她的精神科医生玩"哇，你太棒了，教授！"，症状没有任何缓解；最终她连连鞠躬致敬并说了许多道歉的话，表达了深深的歉意，然后离他而去。之后，她向可敬的牧师求助，并与他玩"哇，你太棒了，教授！"。几周后，她引诱他进入二度"挑逗"游戏。然后，她隔着后院篱笆悄悄地告诉邻居自己有多么失望，这样一位像布莱克牧师一样优秀的男人，竟一时脆弱，挑逗她这样一个既无知又缺乏魅力的女人。她认识他的妻子，当然可以原谅他，但是……这个秘密就这样在不经意间溜走，事后她才"惊恐"地想起，这位邻居是教会的一位长老。她用病情不好转赢了她的精神科医生；她用引诱赢了她的牧师，尽管她不愿承认。不过，她的第二位精神科医生介绍她参加了治疗团体，在那里，她无法像过去那样操纵别人。那么，她就无法再用"哇，你太棒了，教授！"和"你具有非凡的洞察力"来填充她的治疗时间。她开始更仔细地审视自己的行为，并在团体的帮助下，放弃了她的两个游戏——"哇，你太棒了，教授！"和"挑逗"。

**反题**。 治疗师首先必须判断这个游戏是否为真诚型，如果是，为了患者的利益，应该允许该游戏继续，直到她的"成人"发展完善，能够应对对抗措施所带来的危险。如果不是真诚型，那么在患者做好充分的准备并能够理解正在发生什么后，在第一个适当的时机就要实施对抗措施。治疗师要坚决地拒绝提供建议，如果患者开始抗议，他需要说清楚这并非"毫无情感的精神病学"，而是深思熟虑的治疗策略。在适当的时候，他的拒绝可能激怒患者，或者使患者突然陷入急性焦虑反应。接下来的措施取决于患者问题的严重程度。如果她过于不安，急性反应需要用适当的精神病学或精神分析程序处理，以重新恢复治疗情境。在伪装型中，首要目标是将"成人"从伪善的"儿童"中分离出来，这样一来，这个游戏才能得到分析。

在社交情境中，应该避免与真诚型"哇，你太棒了，穆加特罗伊德先生！"玩家产生亲密的纠葛，任何一位聪明的经纪人都会这样告诫他所服务的演员。另一方面，玩伪装型"哇，你太棒了，穆加特罗伊德先生！"的女性如果能摆脱这个游戏，可能会变得聪明有趣，最终成为家庭社交圈中非常令人愉快的一分子。

## 五、"精神病学"

**正题。** 作为程序的精神病学和作为游戏的"精神病学"必须加以区分。现有证据(以适当的临床形式发表在科学出版物上)表明,以下方法对治疗精神疾病很有价值:休克疗法、催眠、药物治疗、精神分析、矫正性精神病学和团体治疗。还有一些方法不常使用,在此不做讨论。所有这些疗法都可以用于"精神病学"游戏,它基于"我是医者"的心理地位,并以毕业证书做支撑——"这里说了,我是医者"。值得注意的是,不管怎样,这是一种建设性的和仁慈的心理地位,如果接受过专业训练,"精神病学"玩家能做很多好事。

不过,如果能缓和一下治疗热情,很可能对治疗结果更有益。反题在很久之前就由安布鲁瓦兹·巴累(Ambroise Paré)①做过最好的表述。事实上,他说过:"我医治他们,但上帝治愈他们。"每位医学生都知道这句格言以及其他一些格言,例如,"首先,不要造成伤害(primum non nocere)",以及诸如"尊重自然的痊愈力量(vis medicatrix naturae)"等警句。不过,非医学背景的治疗师不太可能了解这些古老的训诫。"我是医者,因为这里说了我是医者"这种心理地位可能带来损害,用类似下述的话代替可能更有益:"我会运用我学习过的治疗程序,希望它们能带来一些益处。"这避免了基于"因为我是医者,如果你没有变好,就是你的错"的游戏(例如,"我只是想帮你"),或者基于"因为你是医治者,我会为了你而好起来"的游戏(例如,"乡下人")。当然,每一位认真尽责的治疗师一般都知道这些。实际上,每一位曾在声誉良好的心理诊所做过案例报告的治疗师都会被如此提醒。反过来,一个好的心理诊所应该被界定为使它的治疗师对这些有所认识的诊所。

另一方面,"精神病学"游戏更容易发生在曾接受过能力不足的治疗师

---

① 法国外科医生,被视作"近代外科学之父"。他设计了灵巧的假肢,并改进了接生方法。——译者注

的治疗的患者身上。例如，有些患者会仔细挑选能力较弱的精神分析师，从一个换到另一个那里，以此表明他们无法被治愈。与此同时，他们学会玩越来越尖锐的"精神病学"游戏；最终，即使是一流的临床工作者也很难甄别。从患者的角度看，复式沟通是：

"成人"："我来是想得到治愈。"
"儿童"："你永远无法治愈我，但你可以教我做一个更好的神经症
　　　　患者（玩一个比'精神病学'更健康的游戏）。"

玩"心理健康（Mental Health）"游戏与此类似；此时，患者的"成人"说的是"如果我能把读过的或听说过的心理健康原则加以运用，一切都会变好"。一位患者从一位治疗师那里学会玩"精神病学"，从另一位治疗师那里学会玩"心理健康"，然后又由于与另一位治疗师的工作，开始玩一个相当不错的"沟通分析（Transactional Analysis）"游戏。当治疗师与她坦率地讨论这些问题时，她同意停止玩"心理健康"游戏，但请求治疗师允许她继续玩"精神病学"游戏，因为这个游戏让她感觉舒服。这位沟通分析取向的精神科医生同意了。因此，她持续数月每周报告自己的梦以及对这些梦的理解。终于，部分原因可能是出于感激，她决定搞清楚自己真正的问题是什么，她觉得这可能很有趣。最后，她很认真地对沟通分析产生了兴趣，并获得了良好的结果。

"精神病学"的一种变体是"考古学（Archaeology）"游戏〔该标题由旧金山的诺曼·里德（Norman Reider）医生提供〕。在这个游戏中，患者认为如果她能发现按钮在谁那里，就可以说，一切会突然变好。这导致她对童年经历不断地反刍。有时，治疗师可能会被患者骗入"评论（Critique）"游戏，这时，患者描述自己在各种场合下的情绪，然后由治疗师来告诉她哪里出了问题。"自我表达（Self-Expression）"在某些治疗团体中是很常见的游戏，它基于"情绪是好的"这样的教条。例如，一个在团体中粗俗咒骂的患者可

能得到团体的掌声，或者至少是暗暗的称赞。然而，有经验的团体很快能发现这是一个游戏。

在团体治疗中，有些成员非常擅长辨识"精神病学"游戏，如果他们认为新加入的患者在玩"精神病学"或"沟通分析"，而非通过团体程序获得合理的洞察，他们很快就会让他知道。一位女性从某个城市的自我表达团体转到另一个城市更有经验的团体，并讲述了自己童年时发生的乱伦故事。她预期人们会表现出敬畏之情，像每次听她讲述时其他人所表现的那样，但团体成员的反应很冷淡，于是，她被激怒了。她惊讶地发现，这个团体对她在沟通中的愤怒比对她的乱伦史更感兴趣，她怒气冲冲地说了一句显然在她心里是最大侮辱的话——她指责他们不是"弗洛伊德式"的。当然，弗洛伊德本人会更加认真地对待精神分析，但也会通过说自己不是"弗洛伊德式"的来避免玩游戏。

最近，"精神病学"被发现有一种新变体，称为"告诉我这个（Tell Me This）"，有点像聚会上"20个问题"的消遣活动。怀特讲述了自己的一个梦或一个事件，然后其他成员，经常包括治疗师在内，试图通过询问与之相关的问题来解读它。只要怀特回答这些问题，每位团体成员就会继续追问，直到他找到一个怀特无法回答的问题为止。然后，布莱克就会带着知晓的神情放松地坐下来，意思是："啊哈！如果你能回答那个问题，肯定就能好转，所以我的任务完成了。"（这是"你为什么不……是的，但是……"的远房"亲戚"。）有些治疗团体几乎完全以这个游戏为基础，可能持续数年，但带来的是最低程度的改变或进步。"告诉我这个"给了怀特（患者）很大空间，例如，他可以随着它玩游戏，并感到徒劳无益；或者他也可以通过回答他们提的所有问题来进行反击，这样，其他玩家很快就会展现出愤怒和沮丧，因为他把问题抛回给了他们："我已经回答了你们提出的所有问题，但你们还没有治愈我，所以你们感觉怎么样？"

"告诉我这个"也发生在教室中。针对某些教师提出的开放式问题，学生们知道"正确"答案无法通过加工实际数据获得，只能在几个可能的答案中猜测或看透哪个会让教师高兴。在古希腊语的教学中可能出现一个卖弄学问的变体；教师与学生相比，总是占据上风，并能够让学生看起来很蠢。另外，教师还能通过指出文本中一些晦涩难懂的地方来加以证明。在希伯来语的教学中也会玩这个游戏。

## 六、"愚蠢"

**正题。** 比较温和的"愚蠢"游戏，主题是"我和你一起嘲笑我的笨拙和愚蠢"。然而，有严重问题的人会以闷闷不乐的方式玩这个游戏，意思是："我很蠢，我就是这样，所以你来帮我吧。"这两种游戏形式都源自抑郁的心理地位。"愚蠢"应和"笨手笨脚的人"进行区分，后者更具攻击性，他的笨拙是为了获得原谅。该游戏也应与"小丑（Clown）"相区分，"小丑"不是游戏，而是消遣，可以强化"我可爱又无害"的心理地位。"愚蠢"的关键沟通是怀特促使布莱克骂他蠢，或者用觉得他蠢的方式回应他。因此，怀特表现得像一个"笨手笨脚的人"，但不会请求原谅；事实上，他人的原谅会让他感到不安，因为这会威胁到他的心理地位。或者，他表现得很滑稽，但没有开玩笑的意思；他希望自己的行为能被认真对待，以作为自己真的很愚的证明。这个游戏会获得大量外在获益，因为怀特越少学习，这个游戏就玩得越好。因此，他在学校不需要学习功课，在工作中也不需要特意学什么来有所进步。他从小就知道，只要他愚蠢，人们就都会对他感到满意，尽管有些表达是相反的意思。在艰难困苦时，假如他决定成功应对，人们会很惊讶地发现，原来他一点儿也不愚蠢——就像童话故事里"愚蠢的"小儿子一样。

**反题。** 温和形式的反题很简单，就是不去玩，即不嘲笑其笨拙或不抱怨其愚蠢。对抗该游戏的人和"愚蠢"玩家可以建立一辈子的友谊。该游戏的一个微妙之处在于玩家通常具有循环性精神病人格或躁狂—抑郁型人格。这类人处于兴奋状态时，似乎真的很希望他们的伙伴加入对自己的嘲笑。不加入通常很难,因为他们给别人的印象是会怨恨自我克制者——在某种程度上,他们确实如此,因为克制者会威胁他们的心理地位并且会破坏游戏。但当他们处于抑郁状态时,会对和自己一起笑或嘲笑自己的人公开表达怨恨。这时,自我克制者会知道自己的做法是正确的。他将是患者唯一愿意与之共处的人,或者是在他们退缩时唯一愿意与之交谈的人,而之前所有享受该游戏的"朋友"现在都成了敌人。

告诉怀特他并不是真的愚蠢并没有用。他可能真的智力有限,并对此十分清楚,起初,游戏就是这样开始的。不过,在一些特殊领域,他可能有优势:心理洞察力就是常见的例子之一。对这种天赋展现出应有的尊重并无害处,但这和笨拙的"宽慰"并不相同。后者只会带给他苦涩的满足,即意识到有人比自己还蠢,不过这也能起到小小的安慰作用。这种"宽慰"当然不是最明智的治疗程序;它通常仅仅是"我只是想帮你"游戏中的一个行动。"愚蠢"的反题并非用另一个游戏代替,而只是不要玩"愚蠢"游戏。

闷闷不乐型的反题更加复杂,因为闷闷不乐型玩家试图激起的不是嘲笑或嘲弄,而是无助或恼怒,他完全有能力应对他发出的"所以你来帮我吧"的挑战。这样,无论怎样他都会赢。如果布莱克什么都没做,这是因为他感到无助;如果他确实做了什么,这是因为他被激怒了。因此,这些人也很容易玩"你为什么不……是的,但是……",通过这个游戏,他们能以温和的形式得到同样的满足。这种情况没有轻松的解决方法,如果不能更清晰地理解该游戏的心理动力,未来也很难找到解决方法。

## 七、"木头腿"

**正题。** "木头腿"最戏剧化的形式是"以精神失常为由"。用沟通分析的语言可以翻译为:"像我这样情绪紊乱的人,你还期望什么呢——克制住自己不杀人?"对此,陪审团被要求做出回应,"当然不期待,我们不会给你施加这种限制!"作为法律中的一种游戏,"以精神失常为由"被美国文化所

## 第十一章 咨询室游戏

接受,它和普遍尊重原则存在差异,该原则认为只有一个人患有严重的精神病时,通情达理的人才不会期待他为自己的行为负责。在日本,醉酒是逃避为各种无耻行为负责任的借口;在俄国,借口则是战时兵役(依据本书作者的了解)。

"木头腿"的主题是"对一个有木头腿的人,你能期望什么呢?"。如此来看,对有木头腿的人来说,当然没有人会对他们有任何期待,除了控制好自己的轮椅外。另一方面,在第二次世界大战期间的陆军医院截肢中心,有一个拥有木头腿的男人经常展示吉特巴舞①,跳得非常好。此外,还有盲人在做律师和担任政治职务(其中有一位目前是作者家乡的市长);聋哑人从事精神科医生的工作;失去双手的人还能打字。

如果某人带着逼真且夸大,甚或是想象出来的残疾,并对自己的命运感到满意,恐怕没有人能干涉。但在他来接受精神科治疗的那一刻,问题就出现了:他是否在利用生命为自己获取最佳利益,他是否能够超越他的残疾。在我们这个国家,治疗师的工作与大量受过教育的公众舆论相对立。如果患者取得了真正意义的改善,即使是那些曾大声抱怨患者的残疾带来了不便的亲人,最终也会攻击治疗师。游戏分析师对此很容易理解,但这并不会降低他的工作难度。如果患者展现出独自行动的迹象,所有玩"我只是想帮你"的人就会因为游戏即将被中断而感受到威胁,他们有时会采用令人难以置信的方法终止患者的治疗。

在讨论"贫困"游戏时,我们提过布莱克小姐的那位口吃的来访者,上述两方面在他的案例中均得以展现。这位男士玩的正是"木头腿"的经典版本。他找不到工作,并将此恰当地归咎于自己口吃的事实,因为他说他唯一感兴趣的职业就是销售员。作为自由的公民,他有权在自己选定的任何领域寻找工作机会,但作为口吃者,他的选择令人怀疑他的动机是否纯粹。当布莱克小姐试图打破这个游戏时,助人机构的反应对她相当不利。

---

① 流行于20世纪40年代的快节奏交谊舞。——译者注

"木头腿"在临床实务中尤其有害,因为患者可能会寻找用同样的理由玩同样游戏的治疗师,从而导致治疗没有进展。"以意识形态为由"相对容易实现,"对生活在我们这种社会中的人,你还能期待什么呢?"有位患者将它与"以身心失调为由"结合在一起,"对一个有身心失调症状的人,你还能期待什么呢?"他找了一连串治疗师,他们都只能接受其中一个理由而不能接受另一个。因此,没有一个治疗师能同时接受两个理由,让他舒服地处于当下的状态。也没有治疗师可以通过拒绝两个理由来让他改变主意。这样他就证明了精神病学对人没有帮助。

患者为他的症状行为找借口的理由包括感冒、头部损伤、环境压力、现代生活的压力、美国文化和经济体系。有文化的玩家不难找到支持他的权威。"我喝酒,因为我是爱尔兰人。""要是我生活在苏联(或塔希提岛),这事就不会发生。"事实上,苏联或塔希提岛精神病院的患者和美国州立医院的患者非常相似[1]。在临床工作中,应该对一些特殊的理由始终进行非常仔细的评估,例如,"要不是因为他们(If It Weren't For Them)"或者"他们让我很失望(They Let Me Down)"——在社会学研究项目中也是如此。

更为复杂的理由诸如:你期待一个来自破碎家庭的人/神经症患者/正在接受精神分析的人/患有酒精中毒的人怎样呢?处于所有这些之上的是,"如果我停止这样做,我就没法分析它,那么我将永远无法变好。"

与"木头腿"相反的游戏是"人力车(Rickshaw)",主题是"在这个镇上,他们要是有人力车/鸭嘴兽/会说古埃及语的女孩,我就绝不会陷入这种困境。"

**反题。** 治疗师如果能够清晰地区分自己的"父母"和"成人",治疗师和来访者如果能明确治疗目标,那么对抗"木头腿"就不难。

处于"父母"时,他要么是好"父母",要么是严厉的"父母"。作为好"父母",他能够接受患者的理由,特别是在它与自己的观点相符时;这时可能还包含一些合理化,即认为人们在完成治疗前,无法对自己的行为负责。作为严厉的"父母"，治疗师会拒绝患者的理由，并陷入与患者的意志较量中。"木头腿"玩家对这两种态度都很熟悉，他知道如何从每一种态度中获取最大限度的满足。

作为"成人"，治疗师对这两种机会都会谢绝。如果患者询问"对一位神经症患者，你还能期望什么呢"（或当时他使用的任何一种理由），回答就是："我不期望任何东西。问题在于，你对自己有什么期望呢？"治疗师唯一的要求是患者认真给出这个问题的答案，他能做出的唯一让步是给予患者合理的时间——从六周到六个月不等，取决于他们之间的关系以及患者之前的准备。

—— 参 考 文 献 ——

[1] Berne，E., The Cultural Problem: Psychopathology in Tahiti, *American Journal of Psychiatry*, 116: 1076-1081, 1960.

# 第十二章

## 好游戏

精神科医师是充分研究游戏的最佳人选，甚至可能是唯一的人选，遗憾的是，他们打交道的人，几乎都是因游戏受困的人。这意味着能够获得临床观察的游戏，从某种意义上说都是"坏"的。而且根据定义，游戏的基础是隐蔽沟通，所以它们必然包含利用的成分。基于这两个原因，无论是在实践中，还是在理论中，要找到"好"游戏都是艰难的任务。"好"游戏可以被描述为社会贡献超过了复杂动机的游戏，尤其在玩家已经学会放下那些徒劳无益或玩世不恭的动机时。换句话说，"好"游戏既有利于其他玩家的福祉，也有利于游戏中的"他"的发展。即使在最佳的社交活动和社会组织中，大部分时间也被玩游戏占据，所以我们必须勤勉地寻找"好"游戏。本章给出了一些示例，但无论在数量上还是质量上显然都不够。它们包括"照常工作的假日（Busman's Holiday）""献殷勤的男士（Cavalier）""乐于助人（Happy to Help）""平凡的圣人（Homely Sage）"和"他们会很高兴认识我（They'll Be Glad They Knew Me）"。

## 一、"照常工作的假日"

**正题**。 严格来说，这是一种消遣而非游戏，而且很明显，对所有相关人员都有积极意义。一位美国的邮递员前往东京度假，帮助一位日本邮递员完成工作，或者一位美国的耳鼻喉科专家利用度假时间在海地的医院工作。与去非洲猎狮或驾车横穿大陆相比，他们可能同样感到可以消除疲劳和有好故事可讲。和平部队①现已对照常工作的假日给出了官方批准。

然而，如果工作是出于某种隐藏的动机，而且仅仅是达成其他目的的幌子，那么"照常工作的假日"就变成了游戏。不过，即使在这种情况下，它依然保有建设性特质，并且是值得赞扬的对其他活动的掩盖方式之一。

## 二、"献殷勤的男士"

**正题。** 没有性压力的男士会玩这个游戏——有满意婚姻或满意私情的年轻男士偶尔也会玩，但更经常是完全遵守一夫一妻制或信奉独身主义的成熟男士玩的。遇到一位合适的女士时，怀特会抓住每一个机会称赞她的优点，但从不逾越与她的生活地位、当下的社交情况和品位要求相匹配的限制。不过在限制之内，他会尽情发挥自己的创造力、热情和独创性。他的目标并非引诱，而是彰显自己精湛有效的恭维技巧。内在社交获益是这种无害的艺术性技巧为女士带来了愉悦，而她感激的回应给怀特带来了愉悦。在适当的情况下，双方都能够意识到该游戏的本质，并会随着双方越来越高兴，发展到彼此夸赞至天花乱坠的地步。通晓世故的男士知道该何时停止，他会在他不再令人愉快（从女方感受的角度考虑）或者在他的恭维质量有所下降（从对个人技巧所带来的骄傲感的角度考虑）之前停下来。诗人会出于外在社交获益玩"献殷勤的男士"，除了对激发他们的女士的反应感兴趣外，他们对有资质的评论家和公众的赞赏同样感兴趣。

欧洲人浪漫，英国人富有诗意，他们似乎比美国人更适合玩这个游戏。在我们国家，这个游戏基本落入了水果摊诗派手里：你的眼睛宛如牛油果，你的嘴唇宛如黄瓜等。水果摊型"献殷勤的男士"很难比得上赫里

---

① 隶属于美国政府的志愿者组织，成立于1961年。——译者注

克（Herrick）[1]和洛夫莱斯（Lovelace）[2]作品的优雅，甚至也比不上罗切斯特（Rochester）[3]、罗斯康芒（Roscommon）[4]和多塞特（Dorset）[5]的讽刺却具有想象力的作品。

**反题**。对于女性来说，需要一定的老练才能胜任自己这方的角色。如果她完全拒绝玩游戏，会显得过于阴郁或愚昧。适当的恭维是"哇，你太棒了，穆加特罗伊德先生！"的变体，即"穆加特罗伊德先生，我很欣赏你的作品"。如果她过于机械或迟钝，可能会单纯以"哇，你太棒了，穆加特罗伊德先生！"来回应，却没有抓住要点：怀特希望获得称赞的不是他本人，而是他的诗作。生气的女士会做出毫不留情的反题行为，即玩二度"挑逗"游戏（"走开，混蛋"）。我们可以假想三度"挑逗"的发生，这种情况下的反应当然是难以形容的糟糕。如果这位女士仅是愚钝，可能会玩一度"挑逗"，用对方恭维的话满足自己的虚荣心，同时忽略对怀特创造性的努力和能力的感谢。一般而言，如果女方将男方的恭维理解为企图引诱而非文学展示，那么这个游戏就被破坏了。

**相关游戏**。"献殷勤的男士"作为游戏必须与直接的求爱操作和程序相区分。后者是不存在隐藏动机的简单沟通。"献殷勤的男士"的女性版本可称为"奉承（Blarney）"，经常玩这个游戏的是暮年的勇敢的爱尔兰女士。

---

[1] 罗伯特·赫里克（Robert Herrick，1591—1674），写过不少清新的田园抒情诗和爱情诗。——译者注

[2] 理查德·洛夫莱斯（Richard Lovelace，1618—1657），英国冒险家、诗人和剧作家。——译者注

[3] 指罗切斯特伯爵约翰·威尔莫特（John Wilmot，1647—1680），英国诗人。——译者注

[4] 指罗斯康芒伯爵温特沃思·狄龙（Wentworth Dillon，1633—1685），爱尔兰裔英国诗人。——译者注

[5] 指多塞特伯爵查尔斯·萨克维尔（Charles Sackville，1636—1706），英国诗人。——译者注

## 第十二章 好游戏

### 分析

- **目的**：相互欣赏。
- **角色**："诗人"和"被欣赏的人"。
- **社交层面的沟通**："成人"—"成人"。

  "成人"（男士）："看，我能让你感觉多好。"

  "成人"（女士）："天呀，不过你让我感觉很好。"

- **心理层面的沟通**："儿童"—"儿童"。

  "儿童"（男士）："看我能创造出多么好的措辞。"

  "儿童"（女士）："天呀，不过你真有创意。"

- **获益**：（1）内在心理获益——创造力以及对个人吸引力的确认；（2）外在心理获益——避免拒绝不必要的性行为；（3）内在社交获益——"献殷勤的男士"；（4）外在社交获益——这些可以放弃；（5）生理性获益——相互安抚；（6）存在性获益——我可以优雅地生活。

## 三、"乐于助人"

**正题**。 怀特总是帮助别人，带着一些隐藏的动机。他可能是在为过去的不道德忏悔，也可能是在为现在的不道德做掩饰，还可能是为了结交朋友以便日后加以利用或者为了追求声望。不过，无论谁来质疑他的动机，都必须称赞他的行为。毕竟，人们可以通过变得更不道德来掩盖过去的不道德，用恐吓来利用他人而非展现慷慨，用恶行来追求声望而不是付诸善行。有些慈善家对竞争的兴趣高于施善："我捐的钱（艺术品、土地面积）比你多。"同样，就算他们的动机要受到质疑，他们建设性的竞争方式也应获得称赞，因为太多人在用破坏性的方式竞争。玩"乐于助人"的大多数人（或人们）既有朋友，也有敌人，取决于对方自身的感受。他们的敌人会攻击他们的动机并贬低他们的行为，他们的朋友则感激他们的行为并忽略他们的动机。

因此，对该游戏所谓"客观"的讨论实际并不存在。自称中立的人很快就会表现出他们是站在哪一边表示"中立"的。

作为一种剥削策略，该游戏是美国大部分"公共关系"的基础。不过顾客乐于卷入其中，它可能是最令人愉悦和最具有建设性的商业游戏了。在其他关系中，该游戏最应受到谴责的版本是家庭三人游戏，在其中，母亲和父亲竞争孩子的爱。但即使这样，也需要注意，做出"乐于助人"的选择还是能消除一些负面意义的，因为有太多不令人愉快的竞争方式了——例如，"妈妈比爸爸病得更严重"或者"你为什么爱他多过爱我？"。

## 四、"平凡的圣人"

**正题**。 更恰当地说，这是一个脚本而非游戏，但它有与游戏相似的方面。一个教育良好且阅历丰富的人，在个人事业之余尽可能学习各种知识。退休后，他从身居要位的大城市搬到一个小镇。在那里，人们很快知道，遇到任何问题都可以去找他帮忙，从发动机的撞击声到衰老的亲戚，如果他有办法，就自己帮助他们，否则就把他们转介到胜任的专家那里。因此，他在新环境中很快就找到了自己的位置——一个"平凡的圣人"，不虚假自吹，总是愿意倾听。最好的情况是，玩这个游戏的人已经不辞劳苦地去精神科医生那里审视过自己的动机，并且在扮演这个角色前已经知晓要避免的错误了。

## 五、"他们会很高兴认识我"

**正题**。 这是"我要证明给他们看（I'll Show Them）"的更富价值的变体。"我要证明给他们看"有两种类型。在破坏型中，怀特通过伤害他人"证明给他们看"。因此，他会想方设法爬至高位，不是为了获得声望或物质回报，而为了拥有权力来泄愤。在建设型中，怀特辛勤工作，尽一切努力获得声望，为的不是精工细作或合法成就（不过它们可能扮演次要角色），也不

## 第十二章 好游戏

是直接伤害敌人,而是希望他们因为没有更好地对待他而吞下羡慕与悔恨。

在"他们会很高兴认识我"中,怀特为了昔日同事的利益而努力,而不是只顾着反对他们。他希望向他们证明,他们有理由用友好和尊重来对待他。他也希望向他们展示,他们的判断是正确的,他们可以对自己感到满意。为了在游戏中安全地取胜,他的手段和目的都必须高尚,这正是它优于"我要证明给他们看"的地方。"我要证明给他们看"和"他们会很高兴认识我"可能都仅是成功的次要获益,而非游戏。当怀特不是对成功本身而是对敌人或朋友的影响更感兴趣时,它们就变成了游戏。

第三部分

# 超越游戏

第十三章

游戏的意义

人间游戏——冲破社交陷阱的人际沟通分析

1. 游戏代代相传。对任何人来说,他最喜爱玩的游戏可以追溯到父母和祖父母那里,并能够传递给他的孩子;因此,除非成功得到干预,否则他们又会教给孙辈。因此,游戏分析发生于宏大的历史背景中,显然可以往回追溯 100 年,并能可靠地预测未来 50 年。这一链条涉及 5 代甚至更多代人,将它打断,会带来几何级递增的效果。很多在世的人有不少于 200 位后代。游戏在代代相传的过程中可能被削弱或改变,但似乎有一种强烈的倾向,即人们会与玩同一族游戏的人结婚,即使并不是完全相同种类的游戏。这就是游戏的**历史**意义。

2. "养育"孩子基本就是在教他们玩什么游戏。不同文化和不同社会阶层喜欢不同类型的游戏,不同部落和不同家族又喜欢同类游戏的不同变体。这就是游戏的**文化**意义。

3. 游戏夹在消遣和亲密之间。消遣随着重复而变得乏味,促销鸡尾酒会也是如此。亲密需要非常谨慎,而且会受到"父母""成人"和"儿童"的歧视。社会不赞成坦率,除非私下为之;理智知道它总会被滥用;"儿童"害怕它,因为它涉及揭秘。因此,为了摆脱消遣的无聊,同时又不将自己暴露在亲密的危险中,大部分人在条件允许时会折中地选择游戏,使它们能够以更有趣的方式填补社交的大部分时间。这就是游戏的**社交**意义。

4. 人们会挑选玩相同游戏的人作为朋友、同事和知己。因此,某一社交圈(贵族、少年团伙、社交俱乐部、大学校园等)的头面人物的行为方式在另一社交圈的成员看来可能很怪异。相反,某一社交圈的任何成员如

第十三章　游戏的意义

果改变了他的游戏，就会被排挤出去。不过，在其他社交圈，他可能发现自己很受欢迎。这就是游戏的**个人**意义。

## ── 说　　明 ──

读者现在应该明白数学博弈分析和沟通游戏分析之间的根本差异了。数学博弈分析假定玩家是完全理性的。沟通游戏分析处理的是非理性甚至是荒谬的游戏，因此更加真实。

第十四章

玩家

对许多游戏而言，都是有心理困扰的人玩得最激烈；一般来说，困扰程度越高，游戏激烈程度越高。不过，奇怪的是，某些精神分裂症患者似乎拒绝玩游戏，并从一开始就要求坦诚。在日常生活中，最坚定的游戏玩家有两类：一类是"生气的人（Sulk）"，另一类是"笨蛋（Jerk）"或"古板的人（Square）"。

"生气的人"是指对母亲生气的男人。据调查，他从很小开始就对母亲生气了。对于生气，他常常有很好的"儿童"的理由：在他成长的关键期，母亲因为生病住院"抛弃"了他，或者给他生了太多兄弟姐妹。有时，抛弃的故意成分更高：她为了再婚，把他寄养出去。无论是哪种情况，他从此开始生气。他不喜欢女性，哪怕他是一个风流的男人。因为从一开始，生气就是故意的，因此在人生的任一时期，生气的决定都可以被撤销，就像童年时到了晚饭时间就不再生气了一样。要使已成年的"生气的人"撤销决定，需要的条件和小男孩一样。他必须能保全面子，必须得到一些有价值的东西来换取生气的特权。有时，做出撤销生气的决定后，原本会持续多年的"精神病学"也会提前中止。不过这需要帮助患者仔细地准备，并需要合适的时机和方法。像对生气的小男孩一样，治疗师的笨拙或威逼无法起作用；从长远来看，患者会对治疗师的不当处理进行报复，就像小男孩最终会报复处理不得当的父母。

如果女性对父亲生气，上述"生气的人"经过适当修改，就对她们同样适用。男性治疗师需要更具策略地处理她们的"木头腿"（"对于有这样一位父亲的女人，你还能期待什么？"）。否则，他有被丢入"像父亲一样的男

## 第十四章 玩家

人"的垃圾桶的危险。

每个人的内在都有一点儿"笨蛋"的影子，但游戏分析的目的在于使它保持在最小值。"笨蛋"是对"父母"的影响过于敏感的人。因此，他的"成人"的数据处理和"儿童"的自发性都有可能在关键时刻受到干扰，从而导致不适宜或笨拙的行为。在极端情况下，"笨蛋"会与马屁精、卖弄精及黏人精相结合。"笨蛋"不应与令人困惑的精神分裂症相混淆，后者没有功能正常的"父母"，"成人"的功能也微乎其微，因此只能使用困惑的儿童自我状态应对世界。有趣的是，"笨蛋"通常只作为男性的绰号，在极少数情况下也用于富有男子气的女性。"一本正经的人（Prig）"与"笨蛋"相比，更接近"古板的人"；"一本正经的人"通常用于女性，不过偶尔也会用在有一些女子气的男性身上。

第十五章

一则范例

思考患者与治疗师的下述对话。

患　　者："我有一个新计划——准时。"

治疗师："我会尽力配合。"

患　　者："我不在乎你怎样。我是为自己做的……你猜我历史考试得了多少分！"

治疗师："B+。"

患　　者："你怎么知道的？"

治疗师："因为你害怕得A。"

患　　者："是的，我本来可以得A。我仔细检查了试卷，把三个正确的答案划掉，填成错误的了。"

治疗师："我喜欢这段谈话。没有'笨蛋'的影子。"

患　　者："你要知道，昨天晚上我在思考我已经有多少进步了。我算了一下，现在只剩下17%的'笨蛋'了。"

治疗师："嗯，今早到现在为止，是零。所以下一轮你可以享受34%的折扣。"①

患　　者："这一切是从六个月前开始的，当时我正在看我的咖啡壶，那是我第一次真正看见它。你知道现在的情况吗？

---

① 这是治疗师打趣的说法。患者说自己还有17%的"笨蛋"，到目前为止表现为0，所以下一轮谈话他可以使用上一轮未使用的17%，再加上本轮的17%，一共是34%。——译者注

## 第十五章 一则范例

> 我听到鸟儿歌唱,看到人作为人真正的样子,而且最棒的是,我也真真切切地在那里。我不仅在那里,此时此刻,我在这里。前几天,我正在美术馆注视着一幅画,一位男士走过来说:'高更①很棒,不是吗?'我说:'我也喜欢你。'然后,我们一起出去喝东西,他是一个非常棒的男人。"

以上呈现的是两个自主的"成人"之间进行的无"笨蛋"、无游戏的对话,注解如下。

"我有一个新计划——准时。"这是事实发生后做出的声明。患者几乎总是迟到,这一次她没有。如果准时只是一种会被打破的决心、"意志力"行为、"父母"对"儿童"的强迫,那么声明会在事实发生之前做出:"这是我最后一次迟到。"这种做法是试图设置游戏。她的声明不属于这种情况。它是"成人"的决定,一项计划,而不只是表示决心。该患者后来继续做到了准时。

"我会尽力配合。"这不是"支持性"陈述,也不是开始"我只是想帮你"游戏的第一个行动。患者的会谈时间在治疗师的咖啡时间之后。因为她习惯性地迟到,治疗师养成了从容休息、自己也晚回诊室的习惯。当她做出声明时,治疗师知道她是认真的,所以说出了这样的话。在这一回合的沟通中,双方是在制定"成人"的合约,而不是"儿童"戏弄"父母"式人物。治疗师并非因为"父母"的角色而觉得被迫做"好爸爸",才表示配合的。

"我不在乎你怎样。"这强调了准时是她的一个决定,而不是可以被用于虚假顺从游戏的表决心。

"你猜我得了多少分。"这是消遣,双方对此均有觉察,且感到可以自由享受。他没有必要告诉她这是消遣,从而展示自己的警觉。她已经知晓了,并且对她来说,没有必要因为它的名字是消遣,就不消遣。

---

① 保罗·高更(Paul Gauguin,1848—1903)法国后印象派画家、雕塑家。——译者注

"B+。"就她的情况而言，治疗师估计这是唯一可能的成绩，并且也没有理由不这样说。虚伪的谦逊或害怕出错会让他假装不知道。

"你怎么知道的？"这是"成人"的提问，而不是"哇，你太棒了"的游戏，应该得到中肯的答复。

"是的，我本来可以得 A。"这是真实的考试。患者没有因为合理化或借口而生气，而是直面她的"儿童"。

"我喜欢这段谈话。"这句话和接下来半开玩笑的评论是"成人"在互相表达尊重，也许还有一点"父母"—"儿童"的消遣。同样，双方对此都有觉察，并可以自由选择是否进行下去。

"那是我第一次真正看见它。"她现在有能力拥有自己的觉察，而不再被迫用父母告诉她的方式去看咖啡壶和人们。"此时此刻，我在这里。"她不再生活在未来或过去，如果有用，也可以对此进行简短讨论。

"我说：'我也喜欢你。'"她不再感到需要与新来的人玩"画廊（Art Gallery）"游戏，不过，如果她愿意，还可以那样做。

从治疗师这一方面，他没有感到被迫玩"精神病学"。有几次提出防御、移情和象征性解释等问题的机会，但他能够放开这些问题而不带任何焦虑情绪。不过，弄清她在考试中划去了哪些答案以供日后参考还是很有价值的。可惜，在这次会谈剩余的时间里，患者剩下的 17% 的"笨蛋"和治疗师剩下的 18% 的"笨蛋"时不时出现。总之，以上会谈过程是点缀着一些消遣的活动。

# 第十六章

## 自　主

自主的获得通过以下三种能力的释放或恢复得以展现:觉察、自发和亲密。

**觉察**。 觉察意味着能够用自己的方式来看咖啡壶和聆听鸟儿歌唱,而不是用他人所教的方式。我们有充分的理由假定,婴儿的看和听与成年人存在质的差异[1],在生命最初的几年,他们的看和听更具审美性而更少理智化。一个小男孩愉快地看着小鸟,听着它们鸣叫。然后,"好爸爸"走了过来,觉得自己应该与他"共享"这个经验,并帮助自己的儿子"成长"。他说:"这是松鸦,那是麻雀。"此时,小男孩只关心哪只是松鸦,哪只是麻雀,而不再能看见这些鸟儿或聆听它们歌唱了。他不得不按照父亲希望的方式来看和听。从父亲的角度,他这么做有充分的理由。因为很少有人能过上一生听鸟儿歌唱的生活,所以对小男孩的"教育"越早越好。他长大后也许会成为鸟类学家。有些人仍旧能够以儿时的方式来看和听,但大部分人类成员已经失去了成为画家、诗人或音乐家的能力。即使他们有条件按照自己的方式直接看和听,该选项也被排除了;他们只能获得二手信息。我们将这种能力的恢复称为"觉察"。生理上的觉察是异常清晰的感知,并伴有逼真的意象[2]。味觉、嗅觉和运动觉可能在某些人身上也存在清晰的感知,从而使他们成为这些领域的艺术家——厨师、香水师和舞蹈家。对他们来说,始终存在的问题是如何找到能够欣赏他们作品的观众。

觉察需要人活在此时此地,而非别处、过去或未来。在美国人的生活中,最好的示例可能就是早上匆忙驾车上班。具有决定性的问题是:"身在此处,

## 第十六章　自主

心思在哪里？"常见的情况有三种。

1. 把准时当作首要任务的人，心思离身体最远。他人在汽车方向盘边，心思却在办公室门口。他对周围的环境视而不见，除非它们成为阻止他的身体赶上他的心思的障碍。这种人是"笨蛋"，他们最关心的是老板怎么看。如果他迟到了，会上气不接下气地尽力到达。他顺从的"儿童"处于领导地位，游戏是"看我已经多努力了"。开车时，他几乎完全失去了自主，作为人类，他其实更像已经死了而不是活着。在这种情况下，人最容易罹患高血压或冠心病。

2. 另一方面，"生气的人"不太关心自己是否能够准时到达，而更愿意收集迟到的理由。车祸、红绿灯时间不合适、别人开车技术差或愚蠢都符合他的计划。他暗中欢迎它们，因为它们都可以为叛逆"儿童"或正义"父母"的游戏——"看他们让我做了什么"——做贡献。除了可以对游戏做贡献的事物，他对周围的环境也视而不见，所以他是半活着的状态。他的身体在车里，心思却在外面搜寻瑕疵和不公正之处。

3. "天生的司机"不太常见，驾驶汽车对他而言就是最适宜的科学与艺术。他在车流中迅速且熟练地穿梭，与汽车合为一体。除非周围的环境能够为他提供发挥技艺的空间，否则他也会视而不见。不过，他对自己以及他操控良好的机器保持着非常好的觉察，就此而言，他是活着的。这种驾驶从形式上来说是"成人"的消遣，他的"儿童"和"父母"也能从中获得满足。

4. 第四种情况是保持觉察的人，他不会急急忙忙，因为他活在当下这个时刻以及周围的环境中：天空、树木以及移动的感觉。匆忙会让人忽视环境，只关注未来还未发生的事、障碍或仅仅是自己。一个中国人准备搭乘当地的地铁，这时，他的白人同伴说，如果搭乘快速列车可以节省20分钟，于是他们这样做了。他们在中央公园下车后，中国人在长凳上坐了下来，朋友很惊讶。"你看。"中国人解释道："既然我们节省了20分钟，我们就可以在这里坐这么久,享受周围的美景。"

能够觉察的人是活着的,因为他知道自己的感受,也知道自己身处何方,此为何时。他知道,在自己死后,这些树依然会在那里,而他却无法再次置身此处欣赏它们。所以,他现在就想好好看看它们,留下尽可能深的印象。

**自发。** 自发意味着拥有选择的自由,即能够从各种可供选择的感受中("父母"的感受、"成人"的感受和"儿童"的感受)自由选择并进行表达。这也意味着解放,即从玩游戏的冲动以及只能拥有被教导的感受中解脱。

**亲密。** 亲密意味着一个能够觉察的人拥有自发且不玩游戏的坦诚,意味着感知清晰、未受污染的"儿童"的解放,使他能够生活在此时此地的天真烂漫中。实验证明[3],清晰的感知能够唤起情感,坦诚能够调动积极情绪,甚至有称为"单方亲密"的东西存在——这一现象虽然不叫这个名字,但职业引诱者对此很熟悉,他们能够俘获同伴,自己却不卷入其中。他们的做法是鼓励对方直视自己的眼睛并无拘无束地交谈,而男性或女性引诱者做出的只是精心防范的假装回应而已。

亲密在本质上是自然型"儿童"的功能(不过是在心理和社会的复杂环境中表达的),因此,如果没有受到游戏的干扰,结果往往更好。在通常情况下,顺从"父母"的影响会破坏亲密。最不幸的是,这几乎是普遍现象。不过,在受到污染之前,或除非受到污染,大部分婴儿似乎都充满爱[4],实验显示,充满爱是亲密的本质。

## 第十六章 自主

── 参 考 文 献 ──

[1] Berne, E., Intuition IV: Primal Images & Primal Judgments, *Psychiatric Quarterly*, 29: 634-658, 1955.

[2] Jaensch, E. R., *Eidetic Imagery*, Harcourt, Brace, New York, 1930.

[3] 旧金山社会精神病学研讨会所做的这些实验仍处于初步研究阶段。将沟通分析有效地用于实验需要专门的训练和经验，就像将"色谱法"或"红外分光光度法"有效地用于实验一样。区分游戏和消遣并不比区分恒星与行星容易。详 见：Berne, E., The Intimacy Experiment, *Transactional Analysis Bulletin*, 3: 113, 1964; More About Intimacy, ibid., 3: 125, 1964.

[4] 有些婴儿很早就被污染或匮乏爱（小儿消瘦症，有些出现腹绞痛），且从没有机会来练习这项能力。

第十七章

**自主的获得**

父母从孩子出生开始，就会有意或无意地教导他们如何做事、思考、感受和感知。想摆脱这些影响并非易事，因为它们根深蒂固，并对孩子前二三十年的生理生存和社交生存必不可少。事实上，只有个体开始进入自主的状态，即能够觉察、自发和亲密，才有可能摆脱这些影响，并自行决定他愿意接受父母的哪些教导。在生命早期的某些具体时刻，他决定了要如何适应父母的影响。他的适应在本质上是一系列决定，这些决定是可以被撤销的，因为在有利的情况下，决定可以逆转。

因此，要想获得自主，必须推翻第十三章、第十四章和第十五章中讨论过的与自主无关的一切。这种推翻永不会结束：人们一直要与退回老路做斗争。

首先，如第十三章的讨论，要移除整个部落或家族历史传统的重压，就像玛格丽特·米德（Margaret Mead）所研究的新几内亚村民[1]；然后，个人的父母、社会和文化背景的影响需要被抛掉。当代社会的普遍要求也必须如此处理。最后，个体在社交圈中的获益也应部分或者全部舍弃。之后，第十四章中描述的做"生气的人"或"笨蛋"的轻松享受和回报也应被放弃。之后，个体必须实现个人控制和社交控制，这样，他便可以按照个人意愿自由选择附录中描述的所有行为，除梦之外。然后，他才做好了建立不玩游戏的关系的准备，如第十五章描述的范例一样。此时，他就拥有了发展自主的能力。在本质上，整个准备过程就是一个人与父母友好脱离的过程（也包括与其他"父母"影响脱离）。这样，他们可以偶尔愉快地来访，却不再处于统治地位。

── 参 考 文 献 ──

[1] Mead, M., *New Lives for Old*, Gollancz, 1956.

第十八章

## 游戏之后是什么

本书第一部分和第二部分呈现了一幅幽暗的图画。在这幅图画中，人类的生命主要是填补时间的过程，直到死亡或圣诞老人到来。在如此漫长的等待中，人们要做什么，几乎没有选择。这幅幽暗的图画司空见惯，却并非终极答案。对于某些幸运的人而言，他们拥有的某些东西超越了所有行为类型，即觉察；他们还拥有超越过去程序化的东西，即自发；以及比游戏更有价值的东西，即亲密。但对尚未准备好的人来说，这三样东西可能令人恐惧甚至充满危险。也许，他们保持原样更好，用流行的社交行为策略，例如"团结"，来解决他们的问题。这可能意味着对整个人类都不抱有希望，但对个体而言，希望依然存在。

附 录

行 为 分 类

在任一时刻，人类必定从事以下行为分类中的一种或多种：

类别Ⅰ. 内在程序化行为（来自古老心灵）。自闭行为。

  顺序：(a) 梦

    (b) 幻想

      包括 i. 外部幻想（愿望实现）

        ii. 自闭沟通，非适应性的

        iii. 自闭沟通，适应性的（带有新心灵的程序）

    (c) 神游

    (d) 妄想行为

    (e) 不随意行为

      包括：i. 抽搐

        ii. 呆板动作

        iii. 动作倒错[①]

    (f) 其他

类别Ⅱ. 可能存在程序化的行为（来自新心灵）。检验现实的行为。

  顺序：(a) 活动

      包括：i. 职业、行业等

        ii. 体育、爱好等

---

[①] 如口误、笔误等。——译者注

(b) 程序

包括：i. 数据处理

ii. 技术

(c) 其他

类别Ⅲ. 社交程序化行为（部分来自外在心灵）。社交行为。

顺序：(a) 仪式和典礼

(b) 消遣

(c) 操作和操纵

(d) 游戏

亚型：A. 职业游戏（角沟通）

B. 社交游戏（复式沟通）

(e) 亲密

在这个分类体系中，前面讨论的社交游戏可以划分为：类别Ⅲ，社交程序化行为；顺序(d)，游戏；亚型B，社交游戏。

亲密——终点——是最后一个类别，是无游戏生活的一部分。

读者可以自由批评以上分类（但不是嘲弄或讥讽）。这里列出这个分类并非因为作者爱上了它，而是因为它比目前使用的其他分类系统都更具功能性、真实性和实用性。对那些喜欢或需要分类系统的人来说，它可能也有一些帮助。

## 消遣和游戏索引

Addict ／ "吸毒者"（G①）64

Ain't It Awful ／ "这难道不糟糕"（G）35，52，73，98-100，101，116

Alcoholic ／ "酒鬼"（G）49，50，51，62-68，107，125

All Great Men Were ／ "所有伟大的人都曾"（P②）116

Archaeology ／ "考古学"（G）147

Art Gallery ／ "画廊"（G）176

Asthma ／ "哮喘"（G）81

Auditors & Robbers ／ "审计师和盗贼"（G）127

Aw Shucks Fellows ／ "哪有这回事"（P）31

Badger Game ／ "美人计"（G）73，118，130

Balance Sheet ／ "资产负债表"（P）31，39

Bar Stool ／ "酒吧高脚凳"（P）99

Beat Me Daddy ／ "爸爸打我"（G）88

Big Store ／ "大商店"（G）130

Blarney ／ "奉承"（G）158

Blemish ／ "瑕疵"（G）90，100-102

Broken Skin ／ "破损的皮肤"（P）99

Bum Rap ／ "判决不公"（G）130

---

① G表示游戏（Game）。——译者注
② P表示消遣（Pastimes）。——译者注

消遣和游戏索引

Busman's Holiday ／ "照常工作的假日（G）156-157

Buzz Off, Buster ／ "走开，混蛋"（G）117，158

Casting Couch ／ "娱乐圈潜规则"（G）119

Cavalier ／ "献殷勤的男士"（G）157-159

Clinic ／ "门诊"（G）142

Clown ／ "小丑"（P）149

Coffee Break ／ "咖啡时间"（P）99

Cops and Robbers ／ "警察和盗贼"（G）116，124-128，131，132

Corner ／ "逼入困境"（G）80-84

Courtier ／ "廷臣"（G）40

Courtroom ／ "法庭"（G）84-86，92，95，122，127

Critique ／ "评论"（G）147

Cuddle Up ／ "相互依偎"（G）119

Customs and Robbers ／ "海关和盗贼"（G）127

Debtor ／ "欠债者"（G）51-52，69-71，84

Delinquent Husband ／ "失职的丈夫"（P）34

Didn't Work Out Properly ／ "没能解决问题"（G）109

Do Me Something ／ "至少为我做点什么"（G）110

Do You Know ／ "你知道吗"（P）31

Dry Alcoholic ／ "不喝酒的酒鬼"（G）50，64

Escape ／ "逃跑"（P）128

Ever Been ／ "曾经"（P）30，31，33

Frigid Man ／ "性冷淡的男人"（G）51，88，122

Frigid Woman ／ "性冷淡的女人"（G）51，86-89，118，121，122

Furthermore ／ "此外还有"（G）85，109

Gee You're Wonderful Mr Murgatroyd ／ "哇，你太棒了，穆加特罗伊德先生！"（G）50，144，145，158

Gee You're Wonderful Professor ／"哇，你太棒了，教授！"（G）144，144-145

General Motors ／"通用汽车"（P）30，31，35

Good Behaviour ／"品行良好"（G）129

Good Joe ／"老好人"（G）65，67，70

Greenhouse ／"温室"（G）134-135

Grocery ／"食品杂货"（P）31

Happy to Help ／"乐于助人"（G）159-160

Harried ／"疲惫不堪"（G）89-91

Have One ／"喝一杯"（G）67

Homely Sage ／"平凡的圣人"（G）160

Homosexuality ／"同性恋"（G）116

How Do You Get Out of Here ／"你怎么才能离开这里"（G）128-130

How'm I Doing ／"我做得怎么样"（P）91，101

How Much ／"多少钱"（P）31，33

How To ／"如何"（P）31

I Can Get It For You Wholesale ／"我可以批发给你"（G）137，139

I Told You So ／"我早告诉过你"（G）76

If It Weren't For Him ／"要不是因为他"（P）40，46，47，92

If It Weren't For Them ／"要不是因为他们"（G）152

If It Weren't For You ／"要不是因为你"（G）40-47，51，52，90，92

I'll Show Them ／"我要证明给他们看"（G）160-161

I'm Only Trying to Help You ／"我只是想帮你"（G）65，72，75，76，108，109，136-139，140-142，146，150，151

Indigence ／"贫困"（G）137，140-143，151

Indignation ／"义愤填膺"（G）116，117

It's the Society We Live In ／"这就是我们生活的社会"（P）116

Juvenile Delinquency ／ "少年违法犯罪"（P）31

Kick Me ／ "踢我吧"（G）71-72，76，117

Kiss Off ／ "拒绝"（G）116，118

Kitchen ／ "厨房"（P）30，31

Lady Talk ／ "女性话题"（P）31，33

Let's Find ／ "让我们找"（P）35

Let's Pull A Fast One on Joey ／ "让我们欺骗乔伊"（G）115，130-131

Let's You and Him Fight ／ "你和他斗吧"（G）51，114-115，117，118，131

Little Old Me ／ "可怜的我"（G）98，144

Look How Hard I'm Trying ／ "看我正多么努力"（G）91，93，137

Look How Hard I've Tried ／ "看我已经多努力了"（G）92-95，179

Look How Hard I Was Trying ／ "看我曾多努力"（G）93-94

Look Ma No Hands ／ "瞧，妈妈，没用手哦"（P）31，34

Look What You Made Me Do ／ "看你都让我做了什么"（G）136，137，179

Look What You've Done To Me ／ "看你对我做了什么"（G）65

Lunch Bag ／ "午餐袋"（G）83

Making Out ／ "亲热"（P）31

Man Talk ／ "男性话题"（P）31，33

Martini ／ "马提尼酒"（P）31，64

Me Too ／ "我也是"（P）35

Mental Health ／ "心理健康"（G）147

Morning After ／ "翌日早晨"（P）31，33，64

Nowadays ／ "现如今"（P）98-99，101

Now I've Got You, You Son of a Bitch ／ "现在我可逮着你了，你这混蛋"（G）50，70，72-75，87

PTA ／ "家长会"（P）30，31，32，33，34，51，105

Peasant ／"乡下人"（G）109，143-145，146

Perversion ／"性倒错"（G）115-116

Polysurgery ／"多次手术症"（G）51，99

Psychiatry ／"精神病学"（P）146

Psychiatry ／"精神病学"（G）30，32，33，51，71，91，92，129，146-149，170

Psychoanalysis ／"精神分析"（G）134，145

Rapo ／"挑逗"（G）51，109，116-119，145，158

Rickshaw ／"人力车"（G）152

Schlemiel ／"笨手笨脚的人"（G）49，51，63，71，102-104，137，138，149

See If You Can Stop Me ／"看你能不能阻止我"（G）67

See What You Made Me Do ／"看你让我做了什么"（G）75-78

See What You've Done Now ／"看你现在做了什么"（G）76

Self-Expression ／"自我表达"（G）147

State Hospital ／"公立医院"（G）91

Stocking Game ／"丝袜游戏"（G）120-121

Stupid ／"愚蠢"（G）106，149-150

Sunny Side Up ／"半熟的荷包蛋"（P）34

Sweetheart ／"亲爱的"（G）85，95-96

Tell Me This ／"告诉我这个"（G）148

Tell Them Dear ／"说出来，亲爱的"（P）31

Then We'll ／"然后，我们会"（P）35

There I Go Again ／"我又犯老毛病了"（G）76

There's Nothing You Can Do to Help Me ／"你帮不了我什么"（G）137

They Let Me Down ／"他们让我很失望"（G）152

They'll Be Glad They Knew Me ／"他们会很高兴认识我"（G）160-161

## 消遣和游戏索引

They're Always Out to Get You ／ "他们总是要来抓你"（P）75

Threadbare ／ "衣衫褴褛"（G）72，83

Tough Guy ／ "硬汉"（G）67

Transactional Analysis ／ "沟通分析"（G）147，148

Try And Collect ／ "你追债试试"（G）70-71

Try And Get Away With It ／ "你躲债试试"（G）70-71

Uproar ／ "大吵"（G）81，86，87，88，121-122

Veteran ／ "退伍军人"（G）142

Want Out ／ "想出去"（G）129-130

Wardrobe ／ "衣柜"（P）30，31，34

Water Cooler ／ "饮水机旁"（P）99

What Became ／ "后来"（P）30，31

What Do You Do If ／ "如果……你会怎么做"（G）109

Who Won ／ "谁赢了"（P）31

Why Did You–No But ／ "你为什么……我也不想，但是……"（G）104-110

Why Does This Always Happen To Me ／ "这事为什么总发生在我身上"（G）57，71，72，73，76，116，138

Why Don't They ／ "他们为什么不"（P）35

Why Don't You–Yes But ／ "你为什么不……是的，但是……"（G）47，51，92，104-110，148，150

Wooden Leg ／ "木头腿"（G）65，84，93，115，150-153，170

Yes, Yes, How About That ／ "是啊，是啊，岂有此理"（P）143

You Got Me Into This ／ "都是你害的"（G）75，76-77

You're Uncommonly Perceptive ／ "你具有非凡的洞察力"（G）144，145

You've Got To Listen ／ "你必须听我说"（G）130